中国社会科学院创新工程学术出版资助项目

CHINA
Consumption
Rate Research

中国消费率问题研究

王雪峰 著

社会科学文献出版社
SOCIAL SCIENCES ACADEMIC PRESS (CHINA)

摘 要

中国消费率问题是当前学界和政界关注的重点问题之一。2000年以来，在扩大内需政策的背景下中国消费率非但没有提高反而持续下降。在消费率下降的同时贸易顺差持续增加，经济表现出"高增长、高投资、高出口和低消费"的发展模式。消费率下降导致经济增长的内需基础不断弱化；贸易顺差不断增加导致国际贸易摩擦不断增多，人民币升值压力加大，经济对外依赖性提高，抵御外来风险冲击的能力下降。2008年国际金融危机使中国经济内忧外患的困境凸显出来。在此背景下，研究中国消费率问题尤显重要，具有很强的理论意义和现实意义。本书主要研究内容及结果如下。

一是对中国消费率问题的认识。当前主流学者的观点是消费率偏低，甚至是严重偏低；政府也采纳了相应扩大内需、提高消费率的政策措施建议，但在实际经济运行中促进消费的政策实施效果并不理想。本书在消费率问题相关研究文献综述的基础上，依据消费率变动现状和趋势分析提出消费率问题的实质不是简单的高低问题，而是持续波动下降的问题；消费率处于较低水平是其长期波动下降的结果，是消费率问题的表现而不是问题的本身；针对消费率偏低的政策效果不明显的原因是我们对中国消费率问题的认识出现了偏差，可能错把现象当作问题本身。

二是最优消费率或消费率高低判定的标准。持有消费率偏低观点的学者论证的方法是比较法，并没有统一、具体的判定标准。比较法对于消费率高低的判定具有一定的参考价值和借鉴意义,但只比较消费率指标显然没有解决不同国家间经济发展过程中的可比性问题,其结论一直受部分学者的质疑。本书以柯布-道格拉斯方程为基础,经过推导变形得出消费率决定理论模型。实证分析结果表明:消费率决定理论模型对中国消费率的变动具有很强的解释能力;应用该模型可以预测近期内消费率的大小和变动方向;模型计算的理论值可以作为判定实际消费率高低的判定标准。

三是消费率合理区间的确定问题。目前,针对消费率合理区间问题,学者们采用经验实证法推算出的经验合理区间大致为60%~65%。本书在消费率决定理论模型的基础上提出依据社会居民对通货膨胀的容忍度决定消费率合理区间的思想。模型实证结果表明,理论模型测算值与国内学者经验估算的最优投资率(40%左右)和消费率(60%左右)及其合理区间比较接近。从理论上验证了学者们的经验和实证判断,说明模型可以用来测算消费率(投资率)的合理区间。

四是消费率波动下降的成因问题。持消费率偏低观点的学者,通过对消费率的构成分析得出居民消费率偏低是消费率偏低的主要原因;进一步通过对居民消费率的构成分析得出农村居民消费率偏低是居民消费率偏低的主要原因。与上述学者不同,本书在中国消费率问题是波动下降问题认识的前提下,首先,通过分析得出第一个层面的结论:居民消费率波动下降是消费率波动下降的主要原因,可以解释1978~2008年整个时期消费率下降的99.7%。农村居民消费率波动下降是居民消费率下降的主要原因,可以解释整个时期居民消费率下降的159%。其次,通过对居民消费率的影响因子的分解分析得出第二个层面的结论:在考虑城乡人口结构变化后,城乡居民人均消费率下降是城乡居民消费率下降的主要动力。城乡人口结构调整是农村居民消费率下降的主要原因之一,是城镇居民消费率下降的抑制性因素。然后,通过对城乡居民人均消费率下降的成因分析得出第三层面的结论:城镇居民人均可支配收入占比波动下降是城镇居民人均消费率下降的内在主要动力。1995年以前城镇居民人均消费倾向一直保持高位是城镇居民人均消费率下降的抑制性因素；1995年以后，城镇居民人均消费倾向下降成为城镇居民人均消费率下降的另外一个主要动力。农村居民消费倾向变动不大，对农村居民消费率下降影响较小。最后，通过对人均可支配收入占比和城镇居民消费倾向波动下降的成因分析得出的结论是：现有的不利于劳动者、不利于住户部门的收入分配制度是城乡居民人均可支配收入占比波动下降的根本原因。1992年以来市场经济改革的方向确立后，一系列经济社会体制变革及其存在的问题以及市场交易不规范、交易成本高，消费环境不完善、安全消费和消费者权益得不到保障，政府公共服务意识不强等是导致的城镇居民消费意愿持续下降，谨慎性储蓄增加，消费倾向快速下降的根本原因。

  五是扩大内需、促进消费、提高消费率的对策建议。依据消费率决定理论模型的结论和启示以及消费率波动下降成因分析四个层面的分析结论提出以下政策建议：制定实施国家技术创新发展战略，促进生产技术全面提升；坚持"以民为本"，适当降低经济发展速度；加快经济结构调整，逐步降低净出口；加快收入分配制度改革，提高居民可支配收入占比，进而提高居民的消费能力；加快社会保障制度建设和规范完善消费环境，提高居民消费意愿；增加农村居民的纯收入，提高农村居民的消费能力；加快政府职能转变，提高政府服务意识和服务水平，提高政府消费意愿，加大公共服务投入，减轻居民的支出压力。本书试图从根源上解决中国消费率波动下滑的局面，并为扩大内需、促进消费、提高消费率提供根本性的解决措施。

Abstract

Consumption rate is one of the key issues arousing the attention of experts in both academic and political field in China. Against the background of favorable policies of expanding domestic demand, the consumption rate in China has been declining instead of increasing since 2000. But during the same period, the trade surplus has been increasing with the decline of consumption rate. Consequently, Chinese economic development shows the pattern of "high growth, high investment, high export and low consumption". The decline of consumption rate leads to the increasingly weakening of the basis of domestic demand for economic growth; while the lasting increase in trade surplus leads to more international trade frictions, greater pressure on the appreciation of RMB, more reliance on foreign trade and less capable of resisting foreign shocks. The international financial crises beginning in 2008 highlighted the plight of Chinese economy rooting in its domestic demand and foreign trade. Against this background, it is of great theoretical and practical significance to research on the issue of consumption rate in China. The main contents and conclusions of this paper are as follows.

Firstly, this paper analyzes the views about consumption rate in China. Currently, the dominant viewpoint is consumption rate in China is too low, even seriously low. Accordingly, the government adopts such policy recommendations as expanding domestic demand to improve consumption rate, but the effects of economic policy are not as desirable as expected in actual implementations. Based on past literatures about consumption rate, this paper puts forward the view that the core of the issue of consumption rate is not whether it is high or low but its wavy declining trend according to the analysis of the status quo and changing patterns of consumption rate in China. Low consumption rate is the result of long wavy decline, which is the symptom of the issue not the problem itself.

Secondly, this paper proposes the criteria for judging optimal consumption rate or whether consumption rate is high or low. Scholars holding the view that consumption rate in China is low usually prove their viewpoints using the method of comparative study, lacking in unity, specific judging standards. Based on Cobb-Douglas equation, this paper deduces a formula for calculating consumption rate. Empirical analysis shows that the model can interpret the changes of consumption rate in China to a great degree, and using this model can predict the size and changing direction of consumption rate in a short period. Therefore, the theoretical value calculated by this model can be used as a standard to judge whether the actual consumption rate is high or low in China.

Thirdly, this paper explores the determination of reasonable range of consumption rate. Previous scholars studying the question usually used empirical study, and they deduced that the range should be 60% to 65%. Based on the theoretical model of consumption rate determination deduced before, this paper proposed that it would be desirable to determine reasonable range of consumption rate according to the tolerance level of inhabitants to inflation rate. Empirical evidence from this model shows that the estimated value of this theoretical model is very close to the optimal investment rate (40%) and consumption rate (60%) as well as the reasonable range estimated by domestic scholars using empirical studies. Thus, this paper confirmed theoretically previous scholars' empirical judgment, showing that the model can be used to measure and forecast the reasonable range of consumption rate (or investment rate).

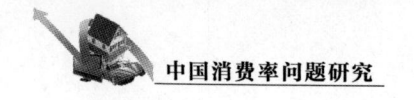

Fourthly, this paper analyzes the reasons why consumption rate in China keeps a wavy declining trend. Scholars holding the view that consumption rate in China is low concluded that low private consumption rate was the main reason for overall low consumption rate in China through analyzing the composition of consumption rate; moreover, they concluded that low consumption rate among rural residents was the main reason for the low private consumption rate through further analysis of the composition of private consumption rate. Different from previous studies and based on the premise that the issue of consumption rate in China is mainly shown in its wavy declining trend, this paper draws the first level conclusion through detailed analysis: the wavy declining of private consumption rate is the main reason for the wavy decline of consumption rate, which can explain 99.7% of the wavy decline of consumption rate from 1978 to 2008; in addition, the wavy decline of rural consumption rate is the main reason for the wavy decline of private consumption rate, which can explain 159% of the wavy decline of private consumption rate during the same period. Furthermore, this paper draws the second level conclusion through analysis of the different causes for the decline of private consumption rate: considering the structural changes of the population in both urban and rural areas, the decline of per capita consumption rate of urban and rural residents is the driving force for the decline of private consumption rate. The structural changes of the population in urban and rural areas are the main reason for the decline of rural consumption rate, but it is the restraining factor for the decline of urban consumption rate. In addition, this paper draws the third level conclusion through analysis of the reasons causing the decline of per capita consumption rate of urban and rural residents: the wavy declining of per capita disposable income ratio of urban and rural residents is the dominant driving force for the wavy declining of private consumption rate in both urban and rural areas. Before 1995 the high average propensity to consume (APC) of urban residents formed a restraining factor for the decline of per capita consumption rate of urban residents; while after 1995 the decline of APC of urban residents became another driving force for the decline of per capita consumption rate of urban residents. The APC of rural residents had changed little during the same period. Hence it had little influence on the decline of consumption rate of rural residents. Finally, this paper draws the fourth level conclusion by analyzing the reasons causing the wavy decline of per capita disposable income ratio and APC of urban residents: current income distribution system unfavorable to common labors and households is the main reason for the decline of per capita disposable income ratio of urban and rural residents. With the explicit definition of establishing socialist market economic system through reform in 1994, many problems emerged with a series of great transformations in social and economic systems, such as irregular market transactions, high transaction costs, imperfect consumption environment, poor consumption security, unprotected consumers' rights as well as poor public services rendered by governments, resulting in the lasting decline of consumption willingness of urban residents, the increase of precautionary savings as well as the sharp decline of APC.

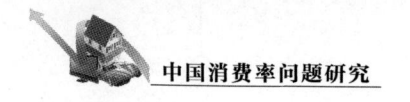

Fifthly, this paper recommends some measures to expand domestic demand so as to improve Chinese consumption rate. Based on the conclusions draw from the deduction of the consumption rate determination model and from the analysis of the reasons causing the wavy declining of consumption rate, this paper puts forward following policy recommendations: formulate and implement a national technology innovation and development strategy to promote an overall improvement of production technologies; adhere to the "people-oriented" development strategy and reduce the pace of economic development accordingly; accelerate economic restructuring and gradually reduce net exports; accelerate the reform of income distribution system so as to increase the proportion of disposable income and improve people's consumption ability; perfect social security system and improve the consumption environment to improve residents' consumption willingness; increase the net income of rural residents to improve rural people's consumption ability; accelerate the transformation of government functions, improve government's service awareness and service levels, improve government's spending willingness, and increase investments in public services so as to reduce residents' spending pressures. This paper tries to change the wavy declining trend of consumption rate by addressing the root causes, and provide fundamental solutions to such problems as expanding domestic demand, promoting consumption and improving consumption rate in China.

目 录

第一章 绪 论 ·· 1
  第一节 研究背景 ·· 1
  第二节 研究目的 ·· 5
  第三节 研究意义 ·· 6
  第四节 主要研究内容及技术路线 ·· 9

第二章 主要消费理论及文献综述 ··· 12
  第一节 消费率基本概念 ·· 12
  第二节 主要消费理论 ··· 13
  第三节 国内外研究文献综述 ··· 16

第三章 中国消费率现状及存在的问题分析 ····································· 38
  第一节 中国消费率现状和变动趋势 ··· 38
  第二节 中国居民消费率现状和变动趋势 ···································· 47
  第三节 中国政府消费率现状和变动趋势 ···································· 57

第四节 中国消费率的特点和存在的问题 …………… 59
本章小结 …………… 67

第四章 消费率决定理论模型及应用 …………… 68
第一节 最优消费率及消费率合理区间的研究现状 …………… 68
第二节 最优消费率及合理消费区间的基本概念及思路 …………… 71
第三节 最优消费率的公式推导及计算 …………… 73
第四节 消费率决定理论模型实证分析 …………… 81
第五节 消费率决定理论模型应用 …………… 85
本章结论和启示 …………… 95

第五章 中国消费率波动下降的成因分析 …………… 99
第一节 中国消费率波动下降问题 …………… 99
第二节 中国消费率波动下降现状及特征 …………… 103
第三节 中国消费率波动下降结构 …………… 112
本章小结 …………… 121

第六章 中国居民消费率波动下降的成因分析 …………… 123
第一节 中国居民消费水平概况 …………… 123
第二节 中国居民消费率的概况和特征 …………… 124
第三节 中国人口及城乡人口结构变化 …………… 126
第四节 中国居民人均消费率 …………… 131
第五节 城镇居民消费率波动下降的影响因子分析 …………… 136
第六节 农村居民消费率波动下降的影响因子分析 …………… 147
第七节 居民消费率波动下降的影响因子分析 …………… 153
本章小结 …………… 160

第七章 城乡居民人均消费率波动下降的成因分析 …… 162
第一节 居民人均消费率的影响因素 …… 162
第二节 居民人均消费率波动下降的成因 …… 165
第三节 居民人均可支配收入占比下降的成因分析 …… 174
第四节 居民人均消费倾向下降的成因 …… 184
本章小结 …… 190

第八章 扩大内需、促进消费、提高消费率的政策建议 …… 192
第一节 制定实施国家技术创新发展战略,促进生产技术全面提升 …… 193
第二节 坚持"以民为本",适当降低经济发展速度 …… 193
第三节 加快经济结构调整,逐步调控降低净出口 …… 194
第四节 加快收入分配制度改革,提高居民的消费能力 …… 195
第五节 加快社会保障制度建设和规范,改善消费环境 …… 196
第六节 提高农村居民纯收入水平,加快推进城市化 …… 198
第七节 转变政府职能,提高政府服务意识和服务水平 …… 199

第九章 研究结论和展望 …… 201
第一节 主要结论 …… 201
第二节 本书不足之处 …… 204
第三节 研究展望 …… 206

参考文献 …… 208

后　　记 …… 222

Contents

Chapter 1 Introduction / 1
   1.1 Background / 1
   1.2 Purposes / 5
   1.3 Significance / 6
   1.4 Main Contents and Technical Route / 9

Chapter 2 Main Consumption Theory and Literature Review / 12
   2.1 Basic Concept of Consumption / 12
   2.2 Main Consumption Theory / 13
   2.3 Literature Review / 16

Chapter 3 China's Consumption Rate Present Situation and Existing Problems Analysis / 38
   3.1 Status and Trends of China's Consumption Rate / 38
   3.2 Status and Trends of China's Residents Consumption Rate / 47
   3.3 Consumption Status and Change Trend of the Chinese Government / 57

3. 4　China's Consumption Characteristics and the
　　　Existing Problems　　　　　　　　　　　　　　　／59
Summary　　　　　　　　　　　　　　　　　　　　　／67

Chapter 4　Consumption Rate Decision Theory Model and Application　　　　　　　　　／68

4. 1　The Research Status of Optimal Consumption Rate and
　　　Its Reasonable Range　　　　　　　　　　　　　／68
4. 2　Basic Concepts and Ideas　　　　　　　　　　　　／71
4. 3　The Formulaic Deduction and Calculation　　　　　／73
4. 4　The Empirical Analysis　　　　　　　　　　　　　／81
4. 5　Consumption Rate Decision Theory Model Application　／85
Conclusions and Implications　　　　　　　　　　　　　／95

Chapter 5　Reasons for the Fluctuating Decline of China's Consumption Rate　　　　　　　　　／99

5. 1　Issues on the Fluctuating Decline of China's Consumption Rate　／99
5. 2　The Present Situation and Characteristics of the Fluctuating
　　　Decline of Consumption Rate　　　　　　　　　　／103
5. 3　Structure of the Fluctuating Decline of Consumption Rate　／112
Summary　　　　　　　　　　　　　　　　　　　　　／121

Chapter 6　The Causal Analysis of the Fluctuating Decline of China's Private Consumption Rate　／123

6. 1　A Profile of Residents' Consumption Level　　　　　／123
6. 2　General Situation and Characteristics　　　　　　　／124
6. 3　The Population Structure Change of China and the
　　　Urban and Rural　　　　　　　　　　　　　　　／126

6.4	China's per Capita Private Consumption Rate	/ 131
6.5	The Impact Factor Analysis of the Fluctuating Decline of Urban Consumption Rate	/ 136
6.6	The Impact Factor Analysis of the Fluctuating Decline of Rural Residents Consumption Rate	/ 147
6.7	The Impact Factor Analysis of the Fluctuating Decline of Residents Consumption Rate	/ 153
Summary		/ 160

Chapter 7 The Causal Analysis of the Fluctuating Decline of Urban and Rural Residents per Capita Consumption Falling Volatility / 162

7.1	The Influence Factors of Residents' per Capita Consumption	/ 162
7.2	The Cause of the Fluctuating Decline of Residents' per Capita Consumption	/ 165
7.3	The Analysis of the Causes of Per Capita Disposable Income Proportion Falling	/ 174
7.4	The Causal Analysis of Residents' Average Propensity to Consume	/ 184
Summary		/ 190

Chapter 8 Policy Recommendations for Expanding Domestic Demand, Promoting Consumption and Improving the Consumption Rate / 192

| 8.1 | Formulate and Implementation of the National Development Strategy of Technological Innovation, and Promote the Production Technology for Upgrading | / 193 |

8.2 Adhere to the "People-oriented", Decrease the Speed of
Economic Development / 193
8.3 To Speed up Economic Structural Adjustment, Gradually
Reduce Net Exports / 194
8.4 To Speed up the Reform of the Income Distribution System,
Improve the Residents' Consumption Ability / 195
8.5 To Speed up Social Security System Construction and Standardize,
Improve the Consumption Environment / 196
8.6 Improve the Level of Rural Residents' Net Income,
Accelerate Urbanization / 198
8.7 Transformation of Government Functions, Improve the Government
Service Consciousness and Service Level / 199

Chapter 9   Research Conclusion and Outlook / 201
9.1 Main Conclusions / 201
9.2 The Deficiency of Book / 204
9.3 Research Prospect / 206

References / 208

Postscript / 222

第一章 绪 论

第一节 研究背景

一 中国最终消费率和居民消费率波动下降

改革开放 30 年来，中国最终消费率和居民消费率大致走势是上升－下降－小幅上升－下降，整体呈波动下降态势。1978~1982 年首先经历了 4 年上升阶段，1981 年最终消费率和居民消费率都达到峰值，分别为 67.1% 和 52.5%；1982~1994 年，尽管在 1985 年和 1988 年消费率出现小幅反弹，但最终消费率和居民消费率均呈下降趋势，平均每年分别下降 0.63 个百分点和 0.65 个百分点，到 1994 年底分别降至 58.2% 和 43.5%。1995~2000 年出现小幅回升，到 2000 年底分别提高到 62.3% 和 46.4%。2001 年开始又进入下降通道，到 2008 年分别降到 48.59% 和 35.32%，平均每年下降约 1.71 个百分点和 1.39 个百分点。在 2008 年国际金融危机爆发以前，中国经济社会持续稳步发展，连续多年经济增长速度超过 10%，但最终消费率和居民消费率却依然持续走低。

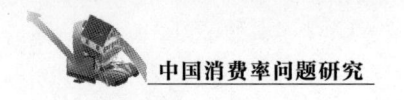

二 中国消费率远低于世界平均水平

世界各国尽管在经济发展环境、经济总量、经济结构及发展水平等方面存在差异，但各国在消费率上显示出共同的特征，即最终消费率同步或略高于 GDP 的增长，呈稳中走高的趋势。将中国最终消费率与世界各国消费率进行比较可以发现，中国最终消费率处于较低水平，并且明显偏离了世界最终消费率的一般变动趋势，具体表现为：中国最终消费率近期低于世界平均水平（70% ~ 80%）20 多个百分点；最终消费增速低于 GDP 的增速，与世界其他国家有明显的差异。与世界各国消费率走势的差异不同决定了中国消费率偏离了世界各国消费率变动的一般趋势，与世界各国消费率水平的差距有进一步扩大的趋势。

三 中国低消费率孕育着经济风险和社会风险

低消费率在一定程度上意味着内需不足，国内产品供过于求。这可能导致企业效益下滑，失业增加；同时，为了给过剩的生产能力和产品寻找出路，企业就要低价寻找海外市场，企业出口压力增大，贸易摩擦加剧，人民币升值的压力加大，导致中国经济发展的外部经济失衡的风险加大。同时，低消费率使国内投资失去消费基础的强力支持，投资难以为继，可能会造成经济发展的大起大落，对国民经济的持续、稳定健康发展造成不利影响。因而，低消费率也孕育着内部经济不稳定的风险。低消费率下很难形成消费、投资、出口协调拉动经济增长的格局，是实现经济又好又快发展的最大制约因素。低消费率也是民生问题、社会公共服务问题及社会公平等问题的表现，因而，低消费率也孕育着巨大的经济风险和社会风险。

四 中国消费率下降意味着经济结构可能失衡

消费是投资、生产的最终目的。经济增长的根本动力是内部有效需求规模扩大和结构升级；经济发展的根本目的是提高居民的生活水平。消费率持续下降不但损害经济增长的根本动力，也违背经济发展的根本目的；同时，消费率下降将导致消费对经济增长贡献率的减小进而导致经济增长质量的下滑，其实质是经济结构失衡。当前，中国在消费率持续下降的同时贸易顺差不断增加、贸易摩擦增多、人民币升值压力加大，这意味着中国内向型和外向型投资结构、内外部市场、经济结构已经失衡。"转变发展方式，调整经济结构"，扩大内部有效需求，增加内向型投资，增加内部市场供给是扭转经济失衡的要求，也是促进经济增长由投资、出口拉动向消费、投资、出口协调拉动转变的要求。但长期以来，很多地方为了追求经济增长速度而继续进行大量重复建设，忽视技术创新，造成部分生产能力过剩和无效投资，商品竞争力依然不高，这在损害资源可持续利用的同时，危害了经济持续发展的能力并造成经济结构失衡加剧。

五 中国经济进入消费需求短缺时代

改革开放初期，由于供给的严重短缺，改革开放的落脚点和重点都在生产方面，强调生产资料的优先增长，形成了主要依靠投资和出口拉动经济增长的粗放型和外向型经济增长模式。经过30多年的发展，改革开放的生产效应显著，表现在生产率大大提高，生产方式大有改进，中国已经告别了物质的短缺，成为当今的"世界加工厂"和"制造中心"。但是，改革的消费效应却与此相反，表现为消费率持续下降，2008年下降到48.59%；消费对经济增长的贡献率不断下降，2008年为36.7%；居民消费水平一直处于低位，消费对经济增长的拉动作用不断弱化。某种意义上，中国经济目前似乎已进入消费相对短缺的时代。

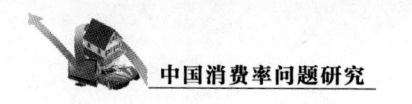

六 中国经济发展面临内忧外患的困局

近几年，中国经济发展面临很多问题，出现"内忧外患"的局面：一方面内需不足，消费疲软，消费率波动下降。另一方面，由于房地产等行业投资泡沫加大以及资本市场泡沫的膨胀（2007年资本市场泡沫开始破裂），国内经济出现较高的通货膨胀压力。再加上2008年国际金融危机导致全球经济不景气，各国贸易保护主义抬头，贸易摩擦增多，中国外贸出口受阻、出口量急剧下滑。在股市泡沫的破灭和随之而来的国际金融危机的内外冲击下，中国的经济增长快速下滑。在如此严峻的国内和国际形势下，中国经济的发展面临内忧外患的困境。为了抑制经济下滑、保持经济增长的活力，2008年11月中共中央再次强调要"扩大内需，尤其是消费需求"，促使经济发展由投资、出口拉动向消费、投资、出口协调发展转变。

七 国际金融危机加速中国经济增长方式转型

2008年金融危机的爆发导致全球经济增长减速，各国对外需求大幅下降。以出口为导向的中国受到严重影响：出口急剧下降，大量外向型中小企业倒闭，失业人数增加，经济增长放缓。金融危机使中国经济结构内部失衡问题暴露，原来依靠投资和出口拉动经济增长的模式难以为继，外部市场萎缩促使中国经济发展方式加速转型，即不但促使高消耗、高排放、低效益的粗放型经济增长方式向低消耗、低排放、高收益的集约型经济增长方式转变，还迫使中国经济由外需导向型向内需市场转变，依靠内需保持经济的持续、稳定、健康发展。扩大内需已经成为国内学界、政府和企业的共识，而扩大内需的关键在于扩大消费，提高消费率，特别是居民消费率。2008年11月5日，国务院常务会议出台扩大内需的十大措施，2009年初见成效，消费增速和消费对经济增长的贡献明显提高，但消费率水平不高的问题依然没有改变。

第二节　研究目的

自改革开放初期（1983年）以来，中国消费率一直波动下降。1998年12月中国政府在中央经济工作会议中提出了扩大内需的工作方针，但最终消费率和居民消费率依然波动下降，特别是2000年以来消费率持续快速下降。目前，中国消费率不但已经远远低于国际平均水平，还低于发展中国家及发展水平类似的国家的水平，并且发展趋势与世界消费率变动相背离。这说明中国的消费率已经是一个非常值得研究和关注的问题，本书研究的目的有以下几点。

一　探求中国消费率波动下降的成因及其独有的结构特征

从消费率的概念来看，消费率下降的直接原因是消费支出的相对减少或产出的相对增加。消费支出是由可支配收入水平和消费意愿或消费倾向决定的，那么，可支配收入水平的高低和消费意愿的强弱即消费倾向的大小是决定消费率高低的间接因素；决定可支配收入水平和消费倾向的因素是决定消费率高低的间接因素；而分配模式、经济结构、发展阶段、消费环境、未来预期等社会制度性因素是决定消费率高低的根源。本书通过中国消费率持续波动下降的成因分析探求导致消费率下降的成因。

二　构建消费率决定理论模型，解析消费率的决定机理

一个国家或经济体的消费率（投资率）从供给的角度看是由其生产技术水平、劳动力增长、资本存量以及经济增长速度等共同决定的。

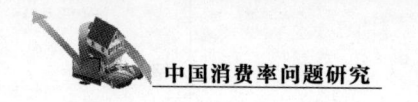

从供给的角度看,通过对消费率决定的影响因素分析构建出消费率决定理论模型,并依据模型解析消费率的传导机理,求出中国的最优消费率(投资率)和消费率的合理区间。为消费率的高低和是否偏离消费率合理区间提供一个判定的理论依据和判定标准。

三　探讨和验证中国实际消费率的合理性及运行合理区间

消费率对一国经济增长可能起到阻碍和推动两种不同的作用。消费过度或消费不足均会妨碍经济增长;只有适度消费才有益于推动国民经济健康成长。那么,到底多高的消费率才是合理的呢?是否存在一个合理的运行空间?有没有一个判定的标准呢?本书在这个问题上做出了一些理论探讨。

四　提出抑制中国消费率下滑或提高消费率的政策建议

中国经济的实际情况是消费率持续波动下滑,并且在消费率不断下降的同时还面临通胀压力。目前,中国经济是"低消费、高增长和高投资"的低消费水平发展模式。本书试图探求改善中国低消费水平发展的路径,为中国由"高投资、高增长、低消费"的发展模式转向"低投资、高消费、适度增长"的发展模式;为扩大内需,提高消费率,解决当前经济发展困境,进一步保持经济稳定、协调增长,促进以人为本的和谐社会建设提出相应的政策建议。

第三节　研究意义

消费是一国经济运行的最终目的和经济发展的动力,是支出法核算的 GDP 构成中最主要和最稳定的一部分,是国民经济循环的先导性因素,也是实现国民经济良性循环的关键因素。在统计学意义上，消费率只是一个重要的宏观经济统计指标，但在经济学意义上却是经济稳定持续发展的一个指示器。如果消费率偏低，那么，一方面显示出消费需求不足，反映了生产和消费的矛盾；另一方面意味着投资和消费的失衡，说明经济发展偏离稳态，缺乏可持续性。消费水平的高低反映了一国居民的生活水平和生活状态。消费率是一国宏观经济运行状况的重要指标之一，消费率问题不仅仅是居民生活质量和生活水平的反映，还是经济结构、经济增长质量的反映；消费率问题不但影响社会建设还会影响经济的可持续发展能力，是关乎经济社会发展全局的重大问题。消费率的高低反映了一国的经济结构是否合理，经济发展是否能够持续发展。长期以来，中国消费率波动下降、不断走低是不争的事实。1997年亚洲金融危机后，中国经济增长放缓，国家提出"扩大内需，刺激经济增长"的政策。"启动消费，扩大内需"成为经济学界关注和研究的重要内容和任务，消费率问题才真正成为中国学者关注和研究的主要内容之一。

中国的消费率经过多年的持续波动下降已经降到较低水平，成为中国经济发展与和谐社会建设的主要阻碍性因素，是中国目前面临的主要重大问题之一，也是学界和政府关心的重点和焦点问题。但是，如何正确认识中国消费率问题，中国消费率问题产生的原因是什么，消费率高低的判定标准和消费率合理区间如何确定，实际消费率是否偏离最优消费率和消费率合理区间问题在理论界依然存在争议，也是困惑很多学者的问题。本书针对学界关于消费率存在的争议和困惑问题进行研究，提出以下具有价值的观点，对于中国政府解决中国的消费率问题，进而推动中国的和谐社会建设和经济社会的可持续发展具有重要的现实意义。

一 中国的消费率不是高低问题而是持续波动下降问题

正确认识中国消费率存在的问题是解决消费率问题的前提。目前，

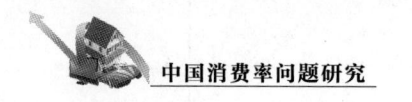

面对中国消费率已经处于历史低位的现实，国内外学界和政府基本都认为中国消费率问题是消费率偏低甚至严重偏低，或者是投资率偏高、消费率偏低。事实上，消费率的大小或高低只是实际经济运行问题的表现，消费率处于历史低位是其持续波动下降的结果。因此，本书通过对改革开放以来中国消费率历史数据的回顾分析后，认为中国消费率的高低并不是问题所在，而消费率持续波动下降才是问题的根本。

二　消费持续波动下降的成因是消费率问题产生的原因

正确分析中国消费率问题的成因是解决消费率问题的基础。多数学者持有消费率偏低的观点，把消费率偏低作为一个重要问题进行研究，并据此提出提高消费率的政策建议。政府也基本接受了关于消费率偏低的观点，相应制定了扩大内需、促进消费的一系列政策措施，但实际经济运行证明政策效果并不明显。这说明中国消费率问题并不是简单的高低问题，消费率多年来持续波动下降更值得关注和研究，探求消费率持续波动下降的成因更有价值和意义。本书在消费率持续波动下降是问题根本的认识基础上，分析中国消费率问题的成因，为解决中国的消费率问题提供坚实的基础。

三　针对消费率下降成因的对策才是解决消费率问题的根本

针对中国消费率持续波动下降的成因提出相应的政策建议是解决中国消费率问题的根本。中国消费率持续波动下降造成消费增长低于经济增长，人民生活水平提高速度放慢；进而导致投资－消费比例关系失衡、产业结构失衡、金融结构失衡；进一步导致经济对外依赖性提高、国际收支失衡、与相关国家的经济和政治摩擦增加，对内人力资本提高缓慢、自主创新能力不高、经济增长质量下降。本书在中国消费率持续波动下降成因分析的基础上提出相应抑制消费率下降或提高消费率的政策建议，对解决消费率下降和内需不足问题具有重大的意义；对改善经济增长质量和促使中国经济发展回到立足国内需求的可持续稳定发展轨道上也具有重大现实意义。

四　构建出理论消费率决定理论模型

依据实际生产技术水平、劳动力增长速度、经济增长速度和净出口、通货膨胀等指标构建出消费率决定理论模型。根据该模型可以从供给的角度计算出理论最优消费率，并依据通货膨胀承受能力可以计算出消费率的合理区间。理论最优消费率是消费率高低判定的理论标准；消费率合理区间是消费率偏离与否的区间判定标准。

五　提出调控消费率战略措施和具体对策建议

消费率决定理论模型显示理论消费率的大小随模型参数的变化而变化，据此，对模型参数中的可控参数根据经济发展目标可以在战略上进行调控，进而调低或调高理论消费率。因此，消费率决定理论模型从供给的角度为消费率的战略调控提供了一个理论基础。

实际消费率的大小是居民群体决策的结果，是由居民的消费能力和消费意愿决定的。本书在消费率持续波动下降成因分析的基础上，针对影响居民消费能力和消费意愿下降的成因提出具体的政策建议，对于解决中国的消费率问题具有很强的针对性。

第四节　主要研究内容及技术路线

一　主要研究内容及框架结构

本书主要研究内容及框架结构如下。

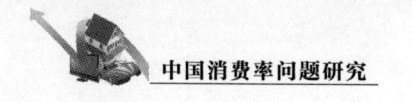

第一章：绪论部分

主要介绍选题的背景、研究目的、研究意义以及主要研究内容和技术路线。

第二章：主要消费理论及文献综述

首先引入消费率、居民消费率、政府消费率、城镇居民消费率和农村居民消费率的基本概念和计算公式。然后，对几个经典消费理论以及国内外对消费率问题的研究文献进行简单的介绍。

第三章：中国消费率现状及存在的问题分析

依据消费率的概念和构成关系分别对消费率、政府消费率和居民消费率的历史变动现状进行描述分析，并在此基础上总结出中国消费率的特点和目前处于低位的消费率蕴涵的经济风险和社会风险，引出中国消费率波动下降产生的问题。

第四章：消费率决定理论模型及应用

提出构建消费率决定理论模型和消费率合理区间判定的思路；构建消费率决定理论模型，模型实证分析和应用。

第五章：中国消费率波动下降的成因分析

在中国消费率问题的本质是消费率波动下降的问题认识的基础上，分析消费率波动下降的结构成因。

第六章：中国居民消费率波动下降的成因分析

通过影响因素分析和影响因子分解研究城乡居民消费率波动下降的成因。

第七章：城乡居民人均消费率波动下降的成因分析

首先通过影响因素分析和影响因子分解研究城乡居民人均消费率下降的成因；然后进一步分析影响城乡居民人均消费率影响因素和影响因子下降的制度及社会变革的成因，得出居民人均消费率波动下降的制度根源和社会体系根源。

第八章：扩大内需、促进消费、提高消费率的政策建议

依据消费率决定理论模型和第七章到第八章的成因分析，提出相应的政策建议。

第九章：研究结论和展望

在上述章节研究的基础上，总结本书的研究结论、不足之处及下一步的研究展望。

二　技术路线

首先，通过选题背景介绍说明本研究的目的和研究意义。其次，在消费率基本概念和经典消费函数的基础上，描述和分析中国消费率的历史现状，据此引出中国消费率蕴涵的风险及问题。再次，通过消费率决定理论模型的构建揭示消费率的决定机理和调控启示。最后，在消费率波动下降成因分析的基础上，提出扩大内需、促进消费率、提高消费率的政策建议。

第二章　主要消费理论及文献综述

第一节　消费率基本概念

消费率是衡量一个国家或地区在一定时期内（通常为1年）社会总消费相对规模的指标，其含义是指在一定时期社会用于消费的产品和服务占社会最终产品和服务的比重。从价值形态来衡量，是指一定时期新创造价值中用于消费的份额。从支出角度来看，是指一定时期社会的消费总支出（用于居民个人消费和社会消费的总额）占国内生产总值或国民总收入的比重，是衡量国民经济中消费比重的重要指标，是国民经济顺畅运行的一个最基本、最重要的比率。消费率包括两个部分，一部分是居民消费率，另一部分是政府消费率。居民消费率中又包括城镇居民消费率和农村居民消费率。消费率的计算一般按现行价格计算。其计算公式如下：

$$消费率 = \frac{最终消费支出总额}{支出法\,GDP} \times 100\%$$

$$居民消费率 = \frac{居民最终消费支出总额}{支出法\,GDP} \times 100\%$$

$$城镇居民消费率 = \frac{城镇居民最终消费支出总额}{支出法\,GDP} \times 100\%$$

$$\text{农村居民消费率} = \frac{\text{农村居民最终消费支出总额}}{\text{支出法 GDP}} \times 100\%$$

这是按支出法国民经济核算口径计算的消费率,也是国际上计算消费率的通行方法,消费率的计算结果便于国家间比较。

第二节 主要消费理论

西方国家的学者对消费问题的关注和研究比较早,经过长期的发展和演绎,其理论体系已基本趋于成熟。我国尽管很早就关注消费问题,但没有形成系统的研究。现将西方经典的消费理论及其核心观点和主要消费函数理论及其消费理论发展趋势简要介绍如下。

一 古典"节俭"消费理论

"节俭"消费是西方古典经济学者的主要观点。在消费理论上,从经济学鼻祖英国的古典政治经济学的创始人威廉·配第(William Petty,1623~1687),到亚当·斯密(Adam Smith,1723~1790)、大卫·李嘉图(David Ricardo,1772~1823)及法国的经济学家魁奈(Francois Quesnay,1694~1774)等,都是"节俭"理论的支持者,都主张节制消费、保证积累,促进生产的扩大和国民财富增加。古典经济学家关于节俭消费的观点及其研究成果对以后的消费理论、许多国家的发展战略和消费政策的制定都产生了直接或间接的影响。

二 "节俭"悖论消费理论

"节俭"悖论支持者的代表性人物有法国的经济学家西斯蒙第(Sismondi,1773~1842)、美国的经济学家、制度经济学的鼻祖凡勃仑

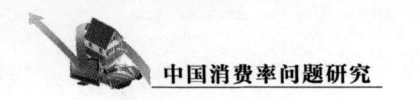

（Veblen Thorstein，1857~1929）和英国的经济学家、宏观经济学的创始人凯恩斯（John Maynard Keynes，1883~1946）。西斯蒙第在消费问题上与很多古典经济学家的观点不同，他反对李嘉图倡导的为生产而生产的思想，同时，强调"消费先于生产，生产服从消费"，并把满足消费者的需要看成生产的目的。凡勃仑关于消费的观点是消费方式"宜奢不宜简"。他认为"浪费"的含义是随时间而变化的，即随着生产技术的进步和生活消费水平的提高，以前被人们认为是浪费性的消费品现在可能是人们生活的必需品。凯恩斯提出了有效需求不足理论，并用边际消费倾向递减规律来解释有效需求不足，主张在短期内政府应扩大支出，刺激需求；在长期，主张收入和财富再分配。凯恩斯还在一定的假设条件下从需求的角度提出了经典的消费函数，即绝对收入假说，开拓了消费函数理论研究的先河，为以后消费函数理论的发展奠定了基础。

三 消费价值理论

对于消费问题，与其他学者不同，奥地利经济学家欧根·冯·庞巴维克（Eugen Bohm-Bawerk，1851~1914）用边际效用的概念来解释消费问题。他认为消费品的价值是由它的边际效用决定的。按照欧根·冯·庞巴维克的观点可以推断，由于消费品的边际效用是递减的，当消费者的收入增加到一定程度时，其对某种消费品的购买量将不会有较大的增加，这样就会有一部分收入转变为储蓄。如果收入主要集中在少数人手中，将有相当部分的收入不能转化为消费。庞巴维克的边际效用理论不仅为消费经济学提供了价值论的理论基础，而且还提出了现期消费和未来消费的概念，将时间因素引入了对消费者行为的研究。

近代著名的英国经济学家阿尔弗雷德·马歇尔（Alfred Marshall，1842~1924）从需求与价格方面对消费问题进行研究，提出了欲望饱和规律、需求规律、需求价格弹性、消费习惯的作用、消费者剩余等概念，并运用静态局部均衡分析方法研究消费问题。他注重使用数学方法并接受了边际效用价值论。马歇尔的这些论点成为当代消费经济学研究消费问题的基本论点。

四 消费函数理论

（一）收入消费函数经典理论假说

在收入和消费的关系假说方面，凯恩斯认为人们的消费支出是由当期的可支配收入决定的，据此提出绝对收入假说。绝对收入假说第一次从宏观经济学的角度将消费与收入联系起来，对日后消费经济理论的发展产生深远的影响。

詹姆斯·杜森贝里（James S. Duesenberry，1918~）从对消费者行为的分析和设定入手，提出相对收入假说（Relative Income Hypothesis，RIH），强调消费者的消费不仅受目前绝对收入的影响，还受过去的收入和消费水平的影响；不仅受自身收入的影响，还受他人消费水平的影响。相对收入理论是对绝对收入理论的修正和改进。

莫迪里安尼（Franco Modigliani，1918~2003）从一生收入和消费效用最大化的角度提出生命周期理论（Life Cycle Hypothesis，LCH）。该理论假定当期及以后各期的消费是现期收入加上预期收入和原始资产的函数；消费者按其一生中可动用的总资源，在各个时期进行大体上均匀的消费。

弗里德曼（Milton Friedman，1912~2006）在消费者理性的假设条件下提出持久收入假说（Permanent Income Hypothesis，PIH）。该理论认为消费者的消费是由持久收入决定的，但受暂时性收入的影响而波动。

莫迪里安尼的生命周期假说和弗里德曼的持久收入假说都是以消费者根据长期收入进行消费和储蓄行为为基础的，它们合称为前瞻性的消费理论。

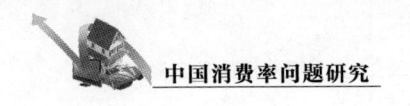

(二) 消费函数理论假说新进展

基于生命周期理论和持久收入理论模型的最大缺陷是不能合理解释未来的不确定因素冲击对人们消费-储蓄行为的影响,霍尔(Hall,1978)提出消费的随机游走假说。霍尔把持久收入理论和理性预期相结合,用随机过程的方法对生命周期-持久收入理论加以修正得出消费者的消费轨迹是一个随机游走(Random Waiking)过程的结论,并据此提出消费的随机游走假说。

对霍尔的研究结论,有些学者从不同的角度提出了质疑。弗莱文(Flavin,1981)利用相关数据对霍尔的随机游走假说进行实证研究后发现,消费与预期的劳动收入具有显著的正相关性,这被称为消费的"过度敏感性"(Excess Sensitivity)。坎贝尔和迪顿(Campbell and Deaton,1989)的计量研究表明消费相对于即时收入来说过于平滑,即存在过度平滑性。过度敏感性和过度平滑性对随机游走假说共同形成有力的挑战,并由此引发一些学者对霍尔的模型进行各种改进,提出了大量解释消费者行为的新假说,如流动性约束(Liquidity Constraints,LC)假说、预防性储蓄(Precautionary Savings,PS)假说、损失厌恶(Loss Averse,LA)假说、λ假说等等。总之,西方消费函数理论经过长时间的发展,目前已达到了很高的水平,已经和经济计量学的高深技巧密不可分。

第三节 国内外研究文献综述

一 国外研究现状

西方学者对于消费理论和消费理论的实证研究很多,但单独研究消费率的文献并不多,比较经典的就是钱纳里对投资率和消费率与国民收入关系的研究。Chenery（1975）在 *Patterns of Development*（1950 – 1970）一文中采取截面分析和时间序列分析相结合的方法，总结出了人均 GDP 从 70 美元上升到 1000 美元以上的过程中消费率所发生的规律性变化，即"标准模式"。他认为消费率随人均收入水平的增长而变化，大致规律如下：一是人均 GNP 在 1000 美元以下时，随着人均收入水平的提高，政府消费率上升，居民消费率和最终消费率下降。在人均 GNP 达到 1000 美元以上时，投资率、消费率基本就稳定下来。二是在人均 GNP 上升的过程中，消费率呈阶段性的变化，即在人均 GNP 为 200 美元以下时，居民消费率和最终消费率下降得较快；人均 GNP 达到 200 美元以上时，居民消费率和最终消费率下降缓慢。这说明经济结构在工业化进程的不同阶段呈现出不同特点，具有阶段性的特征。在工业化进程推进阶段，居民收入不断增加，居民对工业产品的需求不断增加，对生活必需品的需求相对逐步下降，表现为消费率不断下降；随着工业化进程的深化，工业消费品的份额趋于下降，对服务性消费的需求逐渐上升，带来第三产业的发展，消费率开始上升；在服务业发展阶段，一国的生产能力有了极大的提高，经济步入了发达和成熟的阶段，此时消费和投资之间的关系趋于稳定。这样，随着一国经济的发展和工业化进程的推进，居民的消费结构不断发生变化，并由此带动一国的产业结构不断变化。在此过程中，消费率的变化过程是从经济的初始阶段的高消费率，到工业化进程中的不断降低，最后随着工业化进程的完成消费率又开始逐渐提高，呈现出一条 U 形的变化曲线。因此，他认为在国民经济发展过程中，消费率与其所处的发展阶段有关，随着国民经济结构和人均收入水平的增长而变化。

Chow（1985）使用 Harrod – Domar 经济增长模型来考察中国的投资和消费。他把简单的分布滞后加入包含投资函数和消费函数的乘数——加速数模型，并且使用两阶段最小二乘方法（TSLS）来估计。Chow 的消费方程基于Friedman（1957）的永久收入模型，当前的消费取决于当期的收入和滞后的消费。他使用1953~1982年的年度数据，估计结果表明当期收入不是当期消费的一个良好的指示器。他认为可以用霍尔（1978）的随机游走的生命周期假设模型（LCH）来描述中国的消费函数，因为滞后的消费包含了预测当期消费的信息；并认为私人消费和城市与农村居民的国民收入可以在研究中使用，研究发现当前收入和滞后的消费在决定当期的个人消费中起着非常重要的作用。

Portes和Santorum（1987）认为中国经济是短缺和过剩并存的经济。他们设计了由Portes和Winier（1980）以及Burkett（1988）提出的供给方程组成的模型，并对包括消费者物品和服务需求的模型做了估计。在他们的方程中，消费需求由家庭储蓄、个人可支配收入的增长和个人可支配收入一起决定；供给与消费者的物品、服务的供给、收入、净金融资产和投资有关。他们使用1954~1983年的数据，估计结果表明在大跃进、文化大革命和改革开放早期存在消费者对商品和服务的超额需求。

Qian Yingyi（1988）考虑到可能的消费者行为的变化，提出了一个关于中国家庭储蓄和消费行为的转化模型。在他的模型中存在两种体制，以20世纪70年代末期开始的经济改革为划分界限。Qian的结果表明，1979年前后，居民的储蓄和消费行为的差异相当大。

二　国内研究现状

消费率是国民经济顺畅运行的一个最基本、最重要的比率。中国学术界对消费率问题的关注和研究起始于20世纪90年代，截至目前，在时间上可以分为三个阶段：第一阶段（1997~2002年）为早期阶段；第二阶段（2003~2007年）为中期阶段；第三阶段（2008年至今）为深入阶段。10多年来中国学者对消费率研究的主要内容包括中国消费率是否偏低的判定，最优消费率或合意消费率的区间是否存在，中国低消费率的成因和对策三个方面。下面分别予以简单介绍。

（一）中国消费率问题研究的三个阶段

国内学术界关于中国消费率问题的讨论在时间上可以分为三个阶段：第一阶段（1997~2002年）是对消费率问题探讨的早期阶段。在这一阶段，东南亚金融危机导致中国出口受阻，外部环境恶化，经济增长放缓（1997年GDP增长9.3%，1998年GDP增长只有7.8%，1999年进一步下降为7.6%，2000年为8.4%，2001年为8.3%）。1998年中国政府提出"扩大内需，刺激经济增长"的对策措施。扩大内需的方针提出后，民间投资依然乏力，消费需求疲软，投资收益不佳，消费和消费率第一次真正成为学术界研究探讨的现实问题，消费率成为关注、探讨和研究的重要内容。第二阶段（2003~2007年）是2003年以来伴随中国经济在国际上竞争力的上升和出口的快速增长，贸易顺差不断扩大，对外贸易摩擦频率和摩擦度不断升级，扩大内需、促进经济持续快速增长再次成为研究的热点问题。第三阶段（2008年至今）美国次级贷款危机导致金融危机爆发后，中国出口急剧下滑，经济增长快速下降，内需不足，消费疲软。中国政府提出"加快经济发展方式转变、调整经济结构"的方针，要求扩大内需特别是消费需求促进经济增长由依靠投资、出口拉动向消费、投资、出口协调拉动转变。消费率偏低问题成为学界探讨的主题和关注的热点之一。

（二）中国消费率是否偏低问题

在消费率问题研究的早期阶段（1997~2002年），对于消费率是否偏低的问题，大多数学者的观点是中国的消费率偏低。范剑平（1999）认为1981年以来，中国居民消费率基本以平均每年0.33个百分点的幅度持续下降，到1998年下降到47.5%，低于国际平均水平的60%，低于高储蓄率国家平均消费率水平的54%，也低于钱纳里标准人均1000美元的标准消费率（61%）14个百分点；中国居民消费率如此之低在世界上实属罕见、极不正常，低消费率已成为中国实施扩大内需政策的主要障碍。国家计委政策法规司课题组（2001）认为中国的消费率明显低于不同类型国家的水平，并提出"适当提高消费率，促进国民经济良性循环"的建议。尹世杰（2001，2002）认为中国过去较长一段时期，最终消费率一直在降低，以致总体上偏低。刘国光（2002）认为中国消费问题的焦点是消费率过低，而且呈长期下降趋势，并提出促进消费需求、提高消费率是扩大内需的必由之路。持消费率偏低的学者还有彭志龙（1999），王洛林、刘溶沧和刘树成（1999），陈惠雄（1999），汪前元（1999），袁志刚和宋铮（1999），郭伯春（2000），苏雪串（2000），庞朝阳和刘志华（2000）等。早期在中国消费率是否偏低问题上，罗云毅（2000）与上述学者的观点不同，他在《关于消费率水平问题的思考》和《中国当前消费率水平是否偏低》两文中对消费率偏低的判断及分析方法提出了质疑，认为"偏低"的含义应该是这种消费率有害于国民经济的正常发展。与其他国家相比，中国的消费率多年来一直偏低，但我们却一直与消费膨胀做斗争；消费－储蓄比例关系所涉及的问题极端复杂，至今没有一个理论框架能够说明不同经济体间的消费－储蓄比例关系的显著差异；也没有严格理论验证和实践检验的标准的优化消费率，因而，简单的国际比较不能作为判断中国消费率高低的依据。

在消费率问题研究的中期阶段（2003~2007年），消费率偏低依然是绝大多数学者持有的观点。陈新年（2003）认为中国消费率历来偏低；与国外一些主要国家相比，中国居民消费率长期偏低15~20个百分点，属于典型的高储蓄、低消费的国家。尽管这与中国现阶段经济发展水平有一定关系，但是消费率偏低已成为经济增长的不利因素。国家发改委综合改革司（2004）认为中国的投资率和消费率与工业化发展阶段的演变规律相吻合，但不论是与理论预测值相比还是与一些国家相似发展阶段以及美国、日本的历史情况相比，目前中国的消费率都明显偏低。郑新立（2007）认为中国消费率已降到改革开放30年来的最低点，在宏观经济的各项参数中是很不协调的，应该引起高度的重视。中期阶段支持消费率偏低观点的学者和机构还有卢中原（2003）、董辅仁（2004）、国家发改委宏观经济研究院课题组（2003）、张清平（2003）、王涛（2004）、陈宏和潘海岚（2005）、欧阳昌鹏（2005）、卢嘉瑞（2005，2007）、许永兵（2005）、梁东黎（2006）、田堃（2006）、尹世杰（2006）、刘尚希（2007）、乔为国（2007）、杨永华（2007）等。当然，在这一阶段也有不同的观点和见解。朱锡平和唐英（2003）认为中国不仅属于发展中国家，而且是发展中大国，具有典型的后发性质。中国的消费率是与其发展所处的阶段、本身的发展水平及其后发要求相适应的，具有客观性和必然性。罗云毅（2004）不同意依据中国消费率与世界各重要国家相比偏低来判定中国消费率不正常、偏低的论证方法，认为低消费和高投资是中国现阶段经济运行常态的观点。郭兴方（2007）反对依据消费率的大小得出消费率高低的结论；认为消费率大小是由经济运行的时代和环境内生决定的，不是影响GDP增长的决定因素，而是GDP增长的结果。判定消费率的高低应该从综合宏观经济运行情况、微观企业盈利及其存货状况、影响居民消费的内生和外生因素三个方面来剖析。中国经济在宏观层面上不存在通货紧缩现象，物价稳定、再生产也能够顺利进行；在微观层面上，企业盈利能力和活力逐渐增强，产品销售率较高，需求似乎不存在不足的现象；因此，不管中国的消费率多大，似乎它都是内生的，尽管中国消费率与其他国家相比是偏低的，但它也是均衡的，只不过是在消费率低水平上的均衡。

当前阶段（2008年至今）对中国消费率偏低问题的探讨。在前两

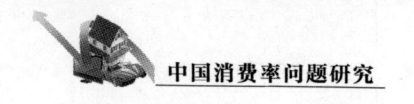

个阶段，论证消费率偏低的方法主要是国际横向比较和国内纵向比较的比较法。由于缺乏更有力的理论支撑，一直受到部分学者的质疑，而坚持消费率偏低观点的绝大多数学者也没有拿出更有说服力的论证方法。论证中国消费率偏低依然是国内学者无法回避的一个理论和实证问题，部分学者在这个问题上进行了进一步的探讨。熊学华（2008）在投资率－消费率国际比较的基础上引入资本生产率和增量产出比（ICOR）两个分析指标，通过资本生产率指标论证分析得出：1994年以后，中国资本生产率明显下降，其增长率小于零，投资率和消费率不协调，投资率偏高，消费率偏低。通过分析中国增量资本产出比率（ICOR）得出：1992年以后，ICOR值呈现上升态势，得出中国宏观投资效率在恶化，导致投资率上升和消费率下降。通过综合分析，最后他认为20世纪90年代中期以来，中国投资率和消费率趋于不协调，投资率偏高而消费率偏低。姚纲令和王丽娟（2009）针对部分学者对钱纳里标准模型对中国消费率解释能力的质疑，对模型中人口变量、资源净流入变量和通货膨胀等因素进行调整，再将中国消费率实际值与调整后模型的标准值对比发现：中国居民消费率与标准值相比呈持续下降趋势，且下降速度大于标准值的下降速度，居民消费率越来越偏离标准发展结构。政府消费率始终高于标准值，但也呈现下降趋势，同标准值变化趋势相反，越来越接近标准值的发展结构。中国最终消费率也低于标准值，并呈现下降趋势，下降幅度远远大于标准值下降幅度，说明中国的消费率可能处在一种有别于国际惯例的非正常状态之下。在此基础上，得出中国消费率（特别是居民消费率）是偏低的，居民消费增长是缓慢的，消费在国民经济发展中的结构是不合理的结论。在这一时期，蔡德容（2009）、江林（2009）、金山林（2009）、张全红（2009）、许永兵（2009）、马晓河（2010）、胡志平和李慧中（2010）等学者认同消费率偏低观点，并在论证方法上也进行了新的尝试和探索。

十多年来，关于消费率是否偏低的问题，国内学者进行了不懈的研究和探讨。绝大多数学者认同中国消费率偏低的观点，但也有部分学者对该观点表示质疑。学者们在论证消费率偏低的观点时主要采用国内纵向比较和国际横向比较以及与钱纳里－赛尔昆的经验标准模式比较的比较法。持有质疑观点的学者认可国际比较的意义，但反对据此得出中国消费率偏低的结论。他们认为中国目前的低消费率是与中国的经济发展阶段、发展水平和后发要求相适应的，具有客观必然性；认为中国经济处于低消费率水平上的均衡状态，低消费率和高投资率是中国现阶段经济运行的常态。面对部分学者对消费率偏低判断方法的质疑，多数学者没有提出更有说服力的理论和论证方法以支持消费率偏低的观点。就消费率而论消费率而言，因为缺乏更有力的理论和论据，对于持有消费率偏低观点的多数学者来说，似乎处于一种难以突破的困境。2008年，熊学华在论证消费率偏低问题上实现了一次突破，在比较分析的基础上，引入资本生产率和增量产出比率（ICOR）两个指标，结合其他领域学者的研究成果，通过分析这两个指标进一步论证了中国20世纪90年代以来中国消费率和投资率趋于不协调，消费率偏低而投资率偏高。他的论证视角和论证方法为以后进一步论证中国消费率是否偏低问题的判定提供了一个研究突破的方向。总之，经过十多年的研究论证，结合中国消费率波动下降并持续走低的事实，对于中国消费率偏低的判定学术界几乎已经没有异议，但论证方法的缺陷导致其说服力依然不强，因此，对消费率偏低的观点需要谨慎对待。

（三）中国最优消费率与消费率合理区间问题

最优消费率关系到需求和供给的总量平衡和结构平衡以及资源的有效配置，是中国理论和实践上的两个比较重要的问题，因而备受政府和学术界的重视。在中国社会主义建设的初期，国家就很重视积累和消费的比例关系问题，周恩来、薄一波、陈云等国家领导人曾对此有过重要的指示和论述。早期学术界的薛暮桥、董辅仁、刘国光、杨坚白等对此问题进行过研究探讨。20世纪90年代后期以来，伴随着中国消费率持续走低的现实，最优消费率与消费率合理区间问题再次成为学术界研究探讨的重要内容。关于最优消费率与消费率合理区间问题，在理论界主要存在两种观点：一是认为存在最优消费率与消费率合理区间；二是认为由于影响因素复杂，现实中在理论上确定一个最优消费率是不可能的。

在最优消费率与消费率合理区间的理论探讨上，张守一（1983）建议用最大化人均消费增长作为衡量消费率合理性的标准，用积累率作为约束条件确定合理消费区间，但这个区间显然与经验数据不符，且区间跨度较大。曾令华（1997）从资源配置的角度提出理论最优消费率应能够满足实现资源的最优配置、商品供求结构平衡和社会总供求平衡的要求。他认为最优消费率是一个理论上的概念，现实中的消费率实际上达不到最优，但可以向最优消费率靠近，因而，中国的现实消费率向最优消费率靠近是伴随中国体制改革的一个长期问题和动态过程。罗云毅（1999，2000，2000，2006）通过对中外投资消费比例关系理论研究的回顾，得出的结论是：由于消费率所涉及问题的极端复杂性，目前没有一个经过严格理论论证和实践检验的标准的最优消费率，企图从规范性的理论角度得到一个最优消费率是不现实的；居民自发形成的消费储蓄比例是一系列现实和主客观相互作用的结果，有其内在的合理性。吴忠群（2009）经过理论推导论证了消费率具有稳定性和合理性，并且存在一个合理的消费率或消费率区间。他认为最优消费率是使得从现在起到无穷远的未来的生产和再生产过程达到最优的消费率，不可能通过观测宏观经济运行状况来确定。中国的生产结构和居民消费观念决定了中国目前偏低的消费率。

在中国消费率合理区间的定量论证方面，国内一些学者也做出了努力和贡献。吴忠群（2002）从总供给和总需求的角度提出中国合理的消费率应与较高的经济增长、较低的失业率、合理的通货膨胀、合理的投资率相适应。在此条件下，通过对中国20多年来宏观经济运行及消费率变化的分析，他提出中国合理消费率区间为61%~65%，投资率的合意区间为35%~38%。王涛（2004，2005）在国家间消费率与投资率的长期趋势比较和国内经济运行实践数据分析的基础上提出中国合意的消费率区间为60%~65%，并进一步运用考伊克分布滞后模型和中国1978~2003年的数据求证出中国最优消费率为60%。他认为现阶段中国消费率保持在60%（或稍高于60%），投资率在35%~39%的范围内是合适的，处于与中国的发展战略相匹配、与发展阶段相适宜的状态。闻潜（2005）认为中国消费率的适度区间下限为63%，上限为68%。田卫民（2008）通过建立消费的内生增长模型，利用中国1978~2006年的经验数据，求得中国消费率的最优值为66.46%。蔡跃州和王玉霞（2010）对投资消费结构的影响因素进行国际比较，通过利用跨国面板数据分析和对中国数据的"协整分析"表明：经济发展阶段、城市化水平、经济外向型程度、地域及文化传统和经济体制等都对投资消费结构有显著影响，并在此基础上匡算出中国当前合意消费率区间为55%~60%。总之，从国内已有文献看，多数研究者认为在理论上存在一个最优消费率与消费率的合理区间，但确定最优消费率与消费率合理区间的方法和标准尚没有统一。

（四）中国消费率偏低的成因和对策研究

消费率问题是经济运行状态的综合反映。在国家扩大内需的政策背景下，消费率偏低的成因和对策成为研究和关注的重要内容之一。由于影响消费率的因素很多，近十多年来，国内学者们对于中国消费率偏低的成因和对策从不同的视角进行了不懈的研究和探讨，分别给出相应的对策和建议。从阶段划分上看，随着探讨的深入，探讨结果经历了一个

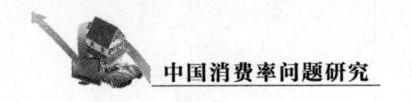

由早期到逐步成熟的过程，分阶段综述如下。

1. 早期阶段（1997~2002年）

在早期阶段，学者们就开始从不同的视角研究和探讨中国消费率偏低的成因。范剑平（1999）从城乡二元结构出发探讨低消费率形成的原因，认为城乡收入差距是造成中国居民消费不足的首要原因，现行城市化模式不利于消费率的提高；改革开放以来，城市化对居民消费率提高的贡献不大。同时，户籍管制导致的"候鸟式"人口流动也不利于进城农民消费方式城市化，使人口城市化改变消费方式带动需求扩张和消费结构升级受阻。他还认为导致居民消费率走低的原因不再是低收入分配而是转轨期造成的居民消费倾向下降。他建议改变当前城市化的发展战略并调整户籍管理制度；提高中低收入者的收入，积极发展消费信贷，树立消费者信心。彭志龙（1999）认为持续大量地注入投资是中国高投资率、低消费率形成的原因。为了协调投资和消费的比例关系，促进经济增长的持续性和提高增长质量，需要尽快在政策上进行调整，逐步改变高投资、低消费的经济格局；但降低投资率和提高消费率是一项难度很大的工作，需要逐步推进。他认为采取措施通过提高低收入阶层的收入和改善支出预期来提高居民消费率是提高消费率的途径。庞朝阳和刘志华（2000）从投资消费失衡的角度认为制约消费的因素有：城乡居民收入增长放慢或回落及收入差距悬殊；居民预期支出加大；居民崇尚节俭，量入为出；存在制约农民消费的政策以及信贷配套措施不完善等。据此提出在加快基础设施建设的同时，提高农民收入，开拓农村市场；提高居民工资收入，改善收支预期，增强消费信心；增加贫困阶层收入；通过税收政策，缩小收入差距；加快社会保障体系建设，降低居民支出预期；培养住宅、汽车等新消费热点；促进第三产业发展；降低活期存款利率等建议。尹世杰（2001）认为中国消费率偏低的直接原因就是投资率偏高。对策措施就是进一步认识消费需求的导向作用，主张在发展生产的基础上，增加居民收入；加速发展劳务消费，提高消费主体的素质。刘国光（2002）也认为中国消费率偏低的主要原因是投资率长期过高。同时，居民收入相对国民生产总值增长缓慢；社会各阶层间、城乡之间、区域之间收入差距扩大致使居民消费倾向走低；收入不稳定性加大及支出预期不确定性提高；消费政策滞后及消费环境较差等也是居民消费率偏低的重要原因。因此，他建议从调整投资消费关系着手，提出增加城乡居民收入，调整分配格局；稳定收支预期，建立居民消费信心；积极发展消费信贷，促进消费结构升级；调整消费政策，建立良好的市场秩序；改善消费环境，完善消费品供给等。

汪前元（1999）认为居民消费率受生产和流通、分配和消费及中国特定的制度变迁阶段的影响，中国居民消费率降低的主要原因是居民货币收入增幅减缓和预期收入下降；金融市场分布不均形成的结构性失衡买方市场；制度变迁引起的不确定性；结构性工序矛盾的存在及城乡基础设施落后等。在对策上，应确保居民收入稳定增长；降低居民对未来预期的不确定性；提高金融服务质量，发展消费信贷；调整产业结构，改善供需关系。李永周（2000）从消费文化的角度提出黜奢崇俭和谨慎消费的消费文化和体制变革导致的居民消费倾向递减是中国买方市场形成，消费相对不足，消费率偏低的原因。启动市场，扩大内需要调整消费政策；建立积极向上、有利于可持续发展的消费文化，开拓消费新领域，变革消费方式；同时，采取措施改变居民消费预期，营造良好的消费环境。郭伯春（2000）在将消费率解构为政府消费率和居民消费率的基础上，分别对政府消费率和居民消费率进行分析，认为消费率的下降是由政府消费率和农村居民消费率的下降造成的，提出在短期内应该提高政府消费，长期内应该调整消费政策，促进农村和城镇居民消费率的提高。吴良国和熊亚洲（2000）与郭伯春（2000）的观点不同，认为尽管政府消费率较低是中国消费率偏低的原因之一，但影响并不大；消费率偏低的主要原因是居民消费率偏低。导致居民消费率偏低的原因是居民收入增长相对 GDP 增长偏低以及居民消费倾向持续下降。在对策上，他主张要提高居民的相对收入水平，调整收入再分配，控制收入差距，积极鼓励消费，增强居民的消费信心，提高居民消费倾向。万广华、张茵和牛建高（2001）从流动性约束和不确定性的角度构建理论模型探求消费率下降的原因。通过模型构建和实证分析得出经济改革开放导致居民的消费行为发生了本质的改变。改革开放后，流动性约束型消费者所占比例提高，不确定性对消费有显著影响，日益增大的不确定性进一步强化了流动性约束的严重程度；同时，消费者的异质性与流动性约束和不确定性之间相互作用，导致现期消费水平与预期消费增长率的下降。在政策建议上，他们认为：在当前中国经济环境下，利率政策难以拉动中国经济需求；减少不确定性、改善信贷环境和增加流动性约束型消费者的收入增长速度可以刺激消费。国家统计局课题组（2002）从居民购买力的层面认为居民收入来源不稳定性增大，未来支出预期提高，收入与预期支出呈逆向变化及传统消费模式和消费体制改革等因素是影响居民购买力实现的因素。国家统计局课题组提出扩大内需的着力点是提高居民的购买力；并进一步提出提高城乡居民购买力水平，改善供给方式和供给制度，拓展消费领域，稳定居民心理预期，调整消费政策，推广信用消费等措施建议。朱国林、范建勇和严燕（2002）将遗赠性储蓄和预防性储蓄纳入收入分配理论，构建了一个解释中国消费需求不足的理论框架。依据该理论假说，遗赠性储蓄倾向与收入正相关；预防性储蓄与收入水平负相关。通过分析，他们认为收入分配严重不均是导致中国总需求不足的一个重要原因。据此，提出促进中等收入阶层壮大，缩小低收入阶层规模的建议。

可以看出在早期阶段，学者们研究中国消费率偏低的主要视角是投资消费结构、收入分配、消费文化、制度变迁及城乡二元结构等宏观指标；也有部分学者从消费者行为的角度构建理论模型进行研究探讨，为进一步的研究奠定了良好的基础。

2. 中期阶段（2003~2007年）

在中期阶段，中国消费率进一步走低的现实和趋势下，国内学者们在延续早期研讨的基础上，对中国消费率偏低的成因和对策做出了不懈的努力，进一步推进早期对消费率偏低成因的研究，取得了大量研究成果。卢中原（2003）从投资消费结构及消费率构成的角度认为中国消费率偏低的主要原因是投资率偏高而消费率偏低，在偏低的消费率构成中居民消费率偏低的状况较为突出。居民的高储蓄倾向和低消费倾向会导致消费率的进一步下降。在对策上，他提出在结构优化的前提下保持适当的投资率；政府要进一步向公共服务职能转变；扩大民间投资准入领域；政府消费率保持稳定，采取措施，扩大居民消费率。国家发改委宏观经济研究院课题组（2003）认为扩大消费面临的主要问题是消费增长乏力、消费率偏低和消费倾向下降。消费增长乏力的原因是投资与消费出现断层；低水平重复建设带来的结构性过剩。消费倾向下降的原因是结构性过剩，社会保障不到位，就业稳定性下降，消费升级后积累期延长，居民收入差距拉大。课题组提出加快个人信用制度建设，扩大信贷消费；调整收入分配政策；加大政府对公共品的支持力度，建立与完善社会保障制度；加大有利于消费的基础设施投资；积极培育新的消费增长点，拓宽消费领域，提高消费层次；采取税收政策调整的对策措施。尉高师和雷明国（2003）基于中国消费者的行为特征构造一个家庭效用最大化模型，通过模型分析得出中国居民的平均消费倾向与大额刚性支出呈反方向变化，与收入水平成同方向变化；收入水平变化的幅度大于随刚性支出变化的幅度。实证表明，20世纪90年代以来，中国居民平均消费倾向持续下滑的根本原因在于中国以社会保障制度为突破口的国企改革，再加上中国资本市场不完善，导致中国居民大额刚性支出大幅上升。要改善居民平均消费倾向的局面，根本之计在于通过有效的社会保障制度，消除人们的后顾之忧，降低大额刚性支出预期。董辅仁（2004）从影响消费率的收入、消费倾向、社会保障、消费文化、投资等因素分析消费率偏低的原因，并提出相应的对策措施。郭友群（2004）认为城乡收入差距扩大，居民收入增速低于国民经济增速，未来不确定性增加以及消费环境欠佳等是影响中国消费需求不足、消费率偏低的原因；提出打破城乡二元结构，加快城市化，增加农民和城镇中低收入者的收入，加大保障性投入，改善消费环境，提高国民消费素质的对策建议。欧阳昌鹏（2005）从经济制度和管理体制的视角，基于中国制度变迁路径的特点及制度变迁过程中新、旧体制并行的特征，认为中国在制度变迁过程中，农村制度变革停滞不前，核心制度供给严重不足，制度变迁绩效递减；而城镇体制改革随市场化进程加快，制度变迁边际绩效显现。制度变迁过程中，新体制缺陷致使消费者制度预期不明，收入预期和消费倾向下降，导致居民消费率持续下降。处于旧体制中的投资体制，政府投资依然处于主导地位，强化了中国高投资率和低消费率的长期趋势。因此，在投资消费政策的调整上，应着眼于解决制约城乡居民生产和生活的制度缺陷问题，从制度上抑制政府特别是地方政府的投资冲动。许永兵（2005）采用因子分解法对决定居民消费率的两个因素进行分析，得出居民平均消费倾向下降是居民消费率下降的主因。臧旭恒和张继海（2005）通过实证研究得出收入差距与总消费显著负相关，收入差距扩大将降低总消费的结论。其政策含义就是在不损害效率的前提下，缩小收入差距，提高中低收入阶层的收入，形成和扩大中等收入阶层。梁东黎（2006）依据中国转轨期经济的特殊性分析中国高投资率和低消费率的成因。通过分析，他认为公共品供给效率较低、劳动力的弱势地位和企业预算软约束是形成该现象的重要因素，应该致力于改变这些制约因素。潘成福（2006）从收入分配的角度构造了一个理论分析框架，并通过实证分析证明最终消费率与收入分配差距存在长期均衡关系，收入分配差距扩大无论是在长期还是在短期都会降低最终消费率。他认为如果确认消费率偏低将产生不利影响，那么通过收入分配调节解决收入分配差距问题是必然的选择。田堃和田银华（2006）从信息获取和信息不对称的角度论证消费者消费信息成本增加，会导致消费者福利下降。改革开放后，中国市场消费信息出现分散化、零碎性、庞杂性和不对称性的特点；消费者消费信息不确定性增加，消费信息成本加大，消费信心受到影响。提高消费率需要降低居民消费信息成本，建立与经济形势相适应的信息平台，在政策环境与法律制度上予以保障。卢嘉瑞（2005，2007）认为造成中国居民消费率下滑的主要原因有收入水平低，收入增长低于GDP增长，收入占GDP比重下降；社会保障水平低，覆盖面窄，城乡贫困人口和低收入人口还有相当数量；大额消费负担沉重等。对此，他提出的对策建议是：实行积极的收入和就业政策，提高居民收入和消费力；增加公共品供给和覆盖城乡的社会保障体系。彭志远（2007）通过实证分析，认为居民平均消费倾向下降是中国消费率下降的主要原因，据此提出提高居民消费倾向是提高消费率的根本办法；而要提高居民消费倾向就需要稳定居民消费预期，完善社会保障制度，减轻居民负担；需要调整收入分配结构，缩小收入差距；发行国债刺激消费。乔为国（2007）以国民收入流量循环为框架分析中国居民消费率偏低的成因，表明居民可支配份额偏低、居民可支配收入中用于消费的比例偏少、较少储蓄转化为消费等因素共同作用造成中国居民消费率偏低。深层次的原因是过大的居民间收入差距、企业有高投资动机的软预算约束、政府掌控等资源的过度、国有银行等金融机构在金融体系中仍居绝对主导地位等结构和制度方面存在严重的缺陷。郑新立（2007）认为造成中国居民消费率下降的主要原因有：一是城乡居民收入增长滞后于经济增长速度；二是城乡、地区和个人之间的收入差距拉大；三是外资利润转移，职工和国家税收处于较低水平；四是中国处于重化工业和基础设施加快发展的工业化阶段，较高投资率是经济发展的阶段性要求。针对上述原因，他提出的对策措施有：一是调整收入结构，提高中低收入者特别是农民的收入；二是扩大消费领域；三是促进消费结构升级，扩大消费信贷，完善社会保障体系；四是调整投资结构，改善消费环境；五是整顿市场秩序，保护消费者权益；六是合理引导消费预期，倡导健康文明消费方式。在第二阶段，投资消费结构和消费构成、收入分配制度、城乡二元结构制度、居民消费意愿、政府职能和行为等成为研究和关注的重点，尽管各自研究分散，但成果显著，为进一步研究奠定了良好的基础。

3. 当前阶段（2008年至今）

刘尚希（2008）从经济政策的角度认为中国消费率低的原因与中国长期以来重投资、重经济增长、轻消费的政策有关，他通过分析消费率偏低对经济社会发展的危害，提出当前经济社会政策应聚焦到消费上来的建议。饶松、熊俊和刘庆相（2008）从政府消费结构的角度分析，指出政府支出结构中行政管理费用支出增长过快，而公共事业费用支出太低，存在严重的消费结构问题。政府消费结构直接导致政府消费率偏低，进而对居民消费率产生影响，最后导致中国最终消费率偏低。王仕军（2008，2009）认为中国消费率偏低的原因是中国所处的工业化、城市化发展阶段和"GDP崇拜"的发展观及地方政府主导的外向型发展战略三大因素相互耦合的结果。解决中国消费率走低问题需要从国情出发，认真落实科学发展观，大力消除GDP崇拜发展观的负面影响；切实转变政府职能，转变经济发展方式。徐娟（2008）从公共产品供给的角度分析认为消费规制制度、教育、社会保障、就业及基础设施等公共产品供给不足是制约中国居民消费率提高的因素；进而提出建立健全消费市场的规制制度、加大基础义务教育的投入、进一步完善社会保障制度、积极促进就业、加大基础设施建设的建议。赵颖（2008）从公共服务供给的角度认为预期收支失衡、消费结构难以合理、市场机制建设滞后、预算外资金漏使用及税收体制削弱消费等是导致中国消费长期偏离正常水平、内需不足的原因。在此基础上，提出促进市场体系建设、完善社会保障体系、调整收入分配关系、监管预算外资金和优化税制激励结构等提高消费率的对策措施。蔡德荣、吴琴琴和万剑勇（2009）在分析影响中国居民平均消费倾向的基础上，对能够量化的收入分配差距和城市化水平两个因素与居民平均消费倾向的关系做了实证检验。检验结果显示，收入分配差距和城市化率都是影响居民平均消费倾向的原因，而居民平均消费倾向的变化不会导致收入分配差距和城市化率的变化。并且，收入分配差距对中国居民平均消费倾向影响很大，城市化率也是影响平均消费倾向的重要因素。他们据此提出必须采取措施遏制收入分配差距继续扩大的趋势及加快城市化进程。樊明（2009）通过中美政治制度比较分析中国高投资率、低消费率形成的原因。他认为美国的政府受到纳税人和在野党的约束，资本受到劳动和政府的约束，因而，在市场经济和民主制度下不会出现过度生产或过度消费，劳资矛盾达到平衡。在中国，地方政府和资本缺少约束，地方政府和资本的利益关系又很密切，劳动者成了弱势群体，地方政府和资本共同压低了工资。这是中国高增长、低工资，高投资、高顺差、低消费形成的制度原因。据此，他提出在制度设计上，应该建立政府与民众、劳动和资本之间的力量平衡体制。其途径有二：一是民众给政府施加压力，政府采取措施提高工资和改善福利；二是劳动者面对资本直接争取利益，而这需要工会尽快完成角色转换。此外，还需要改革户籍制度，避免地方政府对农民工群体的忽视。以上两点在根本上都需要完善民主制度。制度建设的长期性决定了中国高投资率和低消费率短期内很难改进，但提示我们中国的政治制度改革应该加快步伐。郭克莎（2009）认为中国消费率下降、投资率上升的主要原因是收入和消费结构不合理、住宅投资持续扩大、出口投资不断扩大以及统计偏差等。在对策措施上，应努力保持经济平稳快速增长，加快调整国民收入分配格局，逐步缩小收入差距或抑制收入差距扩大，推进社会保障体制和制度建设，加强对扩大居民消费的规划和引导，调整贸易尤其是加工贸易进出口关系。黄烨箐（2009）从可支配收入的实际水平和消费意愿两个层面系统地分析了中国低消费率的原因。他认为造成居民消费率低的主要原因是居民可支配收入下降和居民主观消费意愿低，并对居民可支配收入下降和消费意愿低的原因做了进一步的探讨，发现居民可支配收入低的症结在于劳动报酬偏低，其根源是在GDP崇拜理念下的重投资、轻消费的思想，以及现存经济增长模式偏好资本品而忽视劳动力要素。消费意愿低的原因是处于变革过程中的社会保障体系给居民生活造成高度不确定性的环境，据此提出提高居民可支配收入和完善社会保障政策的建议。江林和马春荣（2009）从居民消费心理的角度研究中国居民消费意愿不足导致消费率偏低的原因。通过实证检验分析，认为消费成本上升、可靠消费信息渠道少等原因导致居民的消费知识停留在较低水平；中国居民家庭意识较重、经济意识过强和时尚意识薄弱；社会频繁变动的转型期，居民对未来收入、价格走势突发事件等预期呈现明显的不确定性，居民消费生活领域，参照群体消费行为总体比较节俭的影响较明显；中国居民总体上个性趋于保守谨慎；居民社会阶层感知中，高收入阶层感知的居民不需要通过消费活动自我显示；中等收入阶层感知的居民消费观念趋于保守；低收入阶层感知的居民受收入水平所限等一系列因素阻碍中国居民消费意愿的增强。因此，建议政府、企业等主体从多种心理成因入手，从不同层面采取有针对性的心理对策，推动居民消费意愿的增强，进而在提升居民消费率的基础上促进中国最终消费率的提高。金山林

(2009)从收入分配和城市化的角度分析中国消费率偏低的原因是国民收入向政府和企业集中,导致居民收入比重下降;城乡收入差距扩大以及城乡居民内部收入差距扩大。据此,提出提高居民收入比重,加快城市化进程,提高消费率的政策建议。屈路(2009)从国民收入分配角度认为居民边际消费倾向的下降、居民部门在国民收入初次分配中的比重下降和居民部门在国民收入再分配中没有得到补偿是居民消费率下降的主要原因,提出建立和完善覆盖面更广的社会保障体系以及在国民收入再分配中加大对居民的转移支付力度等政策建议。张敏娜(2009)从社会福利和社会保障的角度认为保障制度不健全造成中等收入人群消费意愿不强,再分配领域的制度缺陷造成低收入人群消费能力不足,少数富裕人群消费倾向递减是中国消费率持续走低的原因;提出健全社会福利保障,优化收入分配的政策建议。张全红(2009)以国家统计局公布的1992~2005年中国资金流量表为基础,从收入分配和部门消费倾向两个方面对居民和政府部门的消费率进行了比较分析,发现国民消费率的下降主要是由居民消费率下降引起的;城乡收入差距的扩大,居民消费倾向的下降,以及由国民收入初次分配和再分配结构的变化所引起的居民收入占比的降低是居民消费率下降的主要原因。他建议政策的着力点应该放在改善国民收入分配结构和加强公共财政体系建设两个方面。通过国民收入分配和再分配改善国民收入分配结构,建立公共财政体系提高政府消费倾向,加快人口城市化进程和促进居民尤其是城市居民的消费水平。郑璋鑫(2009)用预防性储蓄理论和生命成本假说解释中国居民消费特征产生的原因。他认为在各项改革推进后居民对未来预期不确定性加强,居民预防性储蓄增加,消费率下降,储蓄率上升;再加上低工资水平及生命成本的高付出,进一步强化了居民的精明和谨慎,使得低消费率、高投资率进一步强化。据此,他提出完善社会保障制度,稳定居民收支的预期;健全消费信贷政策,解决居民流动性约束；提高工资待遇，降低生命成本；加快农村建设，逐步缩小城乡差距的建议。郑璋鑫（2009）还基于误差修正模型实证检验得出中国居民消费倾向存在库兹涅茨悖论，即居民消费倾向并没有表现出随收入的增长而呈现递减的趋势，基本保持稳定，但中国居民长期消费倾向偏低。其原因有内生因素——人生经历的"记忆效应"与"习惯成本"；外部制度因素——社会保障不健全、不完善；收入因素——收入低、增长慢和差距大；消费信贷不成熟、不健全。据此，他提出的政策建议是富民优先，多管齐下促增收；完善社会保障制度，稳定居民收支预期；调整收入分配政策，逐步缩小居民收入差距；改善消费环境，健全消费市场体系，特别是消费信贷政策的建议。胡志平和李慧中（2010）从制度的视角阐释，消费低迷的根源在于存在不利于消费增长的政治与经济制度，即压力型政绩考核制度、投资偏向型财政税收制度、"市场化取向"的公共服务制度和城市偏向性制度，正是这些制度导致扩大内需政策的效果一直不理想和消费持续低迷。他们认为破解中国消费低迷现象必须重构制度，形成国民消费稳定增长的可持续发展的动力机制。马晓河（2010）认为中国居民消费率偏低并持续走低的原因有三：一是收入政策不合理，国民收入分配政策不断向政府和企业倾斜，居民收入所占比重在不断下降；二是中国社会保障体系不健全，保障标准低，覆盖面过小，制约居民消费；三是中国社会发展阶段决定了储蓄率要上升，消费率要下降。相应的提高消费率的对策：一是调整国民收入分配格局，包括调整政府与居民、企业与居民的收入分配关系，切实提高居民收入，增强消费的基础；二是建立健全社会保障体系，包括建立全国统一的社会保障体系，提高保障标准，扩大覆盖面等；三是加强落后地区、农村地区的基础建设，降低老百姓的消费成本；四是改善消费环境，培育消费增长点；五是实施积极扩大就业的政策，为改善民生和扩大消费提供动力。当前，政府行为、社会制度、市场体系和消费者心理成为研究的重点内容。可以看出，国内学者针对中国消费率偏低的成因研究在逐步深入，已经触及政府行为和社会制度等根本性的内容。

总体来看，20世纪90年代中后期以来，国内主流学者基于消费率偏低的观点，对消费率偏低的成因主要从经济社会结构、经济社会发展阶段、收入分配制度、经济发展模式、社会转型变革、政府职能定位以及消费文化和社会保障体系等角度进行大量深入的研究和探讨。这些研究成果从需求层面深入揭示了中国消费率的现状和成因，对于认识中国的消费率问题具有重要的意义和价值；但实际经济运行是一个完整的体系，消费率的大小是由实际经济运行过程中供给和需求共同决定的结果。因此，从经济运行系统的角度考察消费率的大小与供给和需求之间的关系可能会更加全面地反映中国消费率问题的本质。我们认为由实际经济运行决定的消费率是理论消费率，而由实际消费需求决定的消费率是实际消费率。比较实际消费率和理论消费率，一方面可以判定实际消费率的高低，解决学术界对消费率高低的争议问题；另一方面还可以判断实际消费率的合理性，为实际消费率的变动范围提供一个合理的变动区间。此外，还可以通过对理论消费率的调控为实际消费率的变动方向提供战略性的调控措施。本书在中国消费率现状和历史变动研究的基础上，以理论消费率供给决定理论模型和消费率下降的成因作为主要研究内容和任务，并据此提出相应的扩大消费、提高消费率的政策建议。

第三章 中国消费率现状及存在的问题分析

第一节 中国消费率现状和变动趋势

一 中国消费率现状

（一）中国消费率整体现状

1. 中国消费率基本情况

自改革开放初期到1992年，中国的消费率一直在60%以上，15年平均消费率为62.3%。1993~1998年，消费率开始降到60%以下，6年平均消费率为58.9%。经过亚洲金融危机冲击后，受政府扩大内需政策的影响，中国消费率有所回升，1999~2001年又回到60%以上，分别为61.1%、62.3%和61.4%。在2000年达到62.3%的高点后持续下降，特别是在中国加入WTO后降速明显加快：2002年下降1.8个百分点，再次降到60%以下，为59.6%；2003年下降2.8个百分点，为56.8%；2004年下降2.5个百分点，为54.3%；2005年进一步下降2.5个百分点，降到51.8%；2006年下降1.9个百分点，消费率降到50%以下，达到49.9%。2007年和2008年，下降幅度减缓，分别下降0.9个百分点和0.4个百分点，达到49.0%和48.6%的低位。2000~2008

年，中国消费率下降13.7个百分点，9年平均每年下降1.52个百分点。中国改革开放30年来，消费率整体情况见表3-1。

表3-1 1979~2008年中国消费率变化情况

单位：%

年份	1979	1980	1981	1982	1983	1984	1985	1986
消费率	64.4	65.5	67.1	66.5	66.4	65.8	66.0	64.9
年份	1987	1988	1989	1990	1991	1992	1993	1994
消费率	63.6	63.9	64.5	62.5	62.4	62.4	59.3	58.2
年份	1995	1996	1997	1998	1999	2000	2001	2002
消费率	58.1	59.2	59.6	59.6	61.1	62.3	61.4	59.6
年份	2003	2004	2005	2006	2007	2008		
消费率	56.8	54.3	51.8	49.9	49.0	48.6		

资料来源：《中国统计年鉴》。

2. 每五年阶段性消费率情况

"五年规划"是中国国民经济规划的一部分，主要是对全国重大建设项目、生产力分布和国民经济重要比例关系等做出的规划，为国民经济发展远景规定目标和方向。以与五年规划相一致的时间分段来看，中国消费率在"六五"时期均值为66.34%，"七五"时期为63.88%，"八五"时期为60.10%，"九五"时期为60.23%，"十五"时期为56.77%，"十一五"时期（2006~2008年）为49.15%。整体上，"六五"以来，中国消费率逐期下降，特别是"十五"和"十一五"期间中国消费率下降幅度较大，"十五"期间相对"九五"期间下降幅度为3.46个百分点；"十一五"时期前三年均值相对"十五"时期下降幅度达7.62个百分点。中国不同规划期发展阶段消费率情况见表3-2。

表3-2 中国"六五"时期到"十一五"时期消费率变化情况

"六五"时期	"七五"时期	"八五"时期	"九五"时期	"十五"时期	"十一五"时期
66.34	63.88	60.10	60.23	56.77	49.15

资料来源：根据《中国统计年鉴》计算整理。

3. 中国消费率与世界主要国家消费率的比较

20世纪90年代以来，世界主要国家和地区的消费率均值都在70%以上；中国消费率比世界主要国家和地区消费率的均值低12.73%~24.66%。美国和英国的消费率在80%以上；与美国和英国相比，中国消费率低近20个百分点。日本的消费率在21世纪初也提高到70%以上，与日本相比，中国的消费率低10多个百分点。同样，德国、巴西和阿根廷等国家的消费率也远远高于中国的消费率。韩国的消费率近几年也逐步提升，接近70%，高于中国的消费率。发展中大国印度的消费率也一直高于中国的消费率10多个百分点。只有新加坡的消费率与中国消费率比较接近。通过比较可以发现，无论是高收入国家的英国、美国、日本和德国，还是中高收入国家的巴西、阿根廷和韩国，其消费率均远远高于中国；发展中大国印度，尽管收入水平低于中国，但消费率依然比中国高；只有新加坡的消费率与中国比较接近。世界主要国家的近期消费率见表3-3。

表3-3 中国和世界主要国家的消费率比较

国家和地区 \ 年份	1990	2000	2005	2006	2007	2008
中 国	62.5	62.3	51.8	49.9	49.0	48.6
美 国	83.7	83.4	86.3	86.2	—	—
英 国	82.0	84.0	86.1	85.6	84.8	—
日 本	65.9	73.1	75.1	74.8	—	—
德 国	76.9	77.9	77.9	76.8	74.7	—
巴 西	78.6	83.5	80.2	80.3	80.7	80.9
阿根廷	80.3	84.4	72.7	71.0	71.5	—
韩 国	63.6	66.6	67.6	69.0	69.1	69.8
新加坡	56.0	53.1	51.2	49.7	47.6	50.0
印 度	77.3	76.8	68.0	66.7	64.8	67.1

资料来源：根据《中国统计年鉴》整理。

（二）中国消费率的结构现状

1. 中国消费率结构概况

消费率在构成上包括政府消费率和居民消费率，居民消费率又包括城镇居民消费率和农村居民消费率。1978~1992年,居民消费率均值为50.2%,最大值是1981年的52.47%,最小值是1992年的47.16%,其他年份基本在均值附近,波动幅度不大,基本在50%左右。政府消费率均值为14.3%,最大值是1992年的15.25%,最小值是1988年的12.81%,其他年份也是在均值附近,波动幅度不大。1988~1994年,居民消费率波动下降,由1988年的51.13%下降到1994年的低点43.50%;在此期间,政府消费率与居民消费率变动方向相反,由1988年的12.81%,上升到1994年的14.73%。1994~2000年居民消费率开始小幅回升,由43.50%上升到2000年的高点46.44%;政府消费率也由1995年的低点13.25%上升到2000年的高点15.86%。2001年以来,居民消费率和政府消费率又均进入波动下降的通道,居民消费率由45.16%下降到35.32%,政府消费率由16.21%下降到13.27%。消费率构成中的居民消费率和政府消费率的整体情况见表3-4。

表3-4 1978~2008年消费率结构情况

单位:%

年 份	1978	1979	1980	1981	1982	1983	1984	1985
居民消费率	48.79	49.15	50.76	52.47	51.93	51.98	50.82	51.64
政府消费率	13.31	15.20	14.73	14.65	14.52	14.40	15.00	14.31
年 份	1986	1987	1988	1989	1990	1991	1992	1993
居民消费率	50.46	49.90	51.13	50.91	48.85	47.53	47.16	44.43
政府消费率	14.46	13.67	12.81	13.58	13.64	14.89	15.25	14.86
年 份	1994	1995	1996	1997	1998	1999	2000	2001
居民消费率	43.50	44.88	45.79	45.21	45.34	46.00	46.44	45.16
政府消费率	14.73	13.25	13.43	13.74	14.28	15.05	15.86	16.21
年 份	2002	2003	2004	2005	2006	2007	2008	
居民消费率	43.68	41.67	39.83	37.74	36.31	35.58	35.32	
政府消费率	15.89	15.11	14.47	14.10	13.59	13.38	13.27	

资料来源:根据《中国统计年鉴》整理。

2. 中国消费率结构变动情况

1988年以前，政府消费率占比不断下降，由1979年的23.61%下降到1988年的20.05%。1989~1994年开始快速提升，由1989年的21.06%提高到25.31%。1994~1996年出现连续2年下降，降到22.69%。1997年以来，政府消费率占比逐年稳步提高，到2008年提高到27.30%。30年来，政府消费率占比均值为23.9%；1998年以来，政府消费率占比均超过30年均值。从1996年开始，政府消费率占比一直波动稳定增加，2006~2008年政府消费率占比分别为27.23%、27.30%和27.30%。消费率的结构比例关系和变化情况见表3-5。

表3-5 1978~2008年中国消费率结构变化情况

单位：%

年　份	1978	1979	1980	1981	1982	1983	1984	1985
政府消费率占比	21.44	23.61	22.49	21.83	21.84	21.69	22.79	21.68
居民消费率占比	78.56	76.32	77.49	78.19	78.09	78.28	77.24	78.25
年　份	1986	1987	1988	1989	1990	1991	1992	1993
政府消费率占比	22.28	21.50	20.05	21.06	21.83	23.86	24.44	25.05
居民消费率占比	77.74	78.45	80.01	78.93	78.16	76.17	75.58	74.93
年　份	1994	1995	1996	1997	1998	1999	2000	2001
政府消费率占比	25.31	22.81	22.69	23.29	23.96	24.64	25.46	26.40
居民消费率占比	74.74	77.24	77.34	76.63	76.07	75.29	74.54	73.55
年　份	2002	2003	2004	2005	2006	2007	2008	
政府消费率占比	26.66	26.61	26.66	27.22	27.23	27.30	27.30	
居民消费率占比	73.29	73.36	73.34	72.86	72.76	72.61	72.68	

资料来源：《中国统计年鉴》。

居民消费率占比在1990年以前均为80%左右，且波动幅度不大；在1988年居民消费率占比达到最大值80.01%后，居民消费率占比开始逐年下降，到2001年降到74%以下，2005年降到73%以下，2006~2008年居民消费率占比分别72.76%、72.61%和72.68%。30年居民消费率占比均值是78.1%，1999年以来，居民消费率占比就一直低于居民消费率占比均值，特别是近几年，居民消费率占比偏离均值越来越大。

二 中国消费率变动及趋势

(一) 中国消费率整体变动情况及趋势

中国消费率变动可分为两个周期、四个阶段,基本情况概述如下。第一周期的上升阶段是 1978～1981 年,即改革开放初期。中国消费率处于上升阶段,消费率由 1978 年的 62.1% 上升到 1981 年的历史最高点 67.1%。第一周期的下降阶段是 1982～1997 年。消费率整体处于波动下降阶段,尽管有些年份 (1985 年、1988 年、1989 年和 1996 年) 出现小幅回调,但消费率在该时间段内整体波动下降的趋势不变,消费率由 1982 年的 66.5% 下降到 1997 年的 59.6%。第二周期的上升阶段是 1998～2000 年的短期回升期。受亚洲金融危机的影响,在中国扩大内需政策的作用下,消费率在 1998～2000 年出现短期回升,由 1997 年的 59.6% 提高到 2000 年的 62.3%。第二周期的下降阶段是 2001 年至今。中国成功加入 WTO 后,在强劲外需带动的净出口迅速增加的影响下,中国消费率进入波动下降阶段,由 2000 年的 62.3% 下降到 2008 年的 48.6%,下降了 13.7 个百分点。经过两个周期四个阶段的波动变化,中国消费率达到了历史最低点。中国消费率变动和整体趋势见图 3-1。

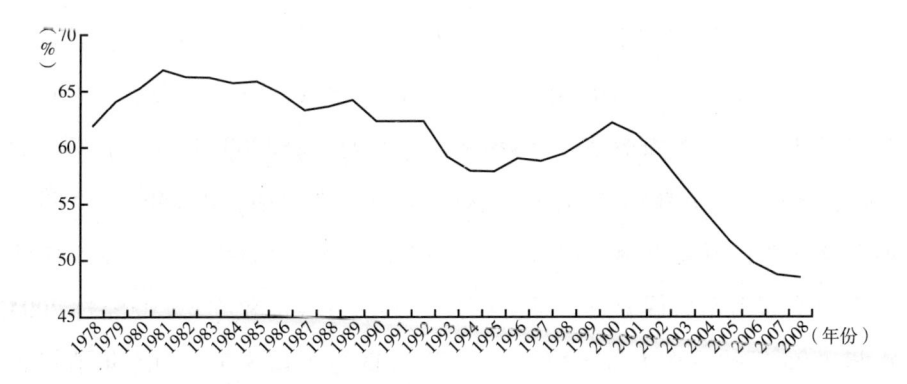

图 3-1 1978～2008 年中国消费率整体变动情况

2008年，国际金融危机造成外需急剧下降、出口快速下滑的局面。面对外需萎缩、内需疲软的复杂局面，中国政府出台了一系列应急的对策措施；同时，还进一步提出了"转变发展方式，调整经济结构"的战略措施，以实现经济发展的稳定性和提高抗外来风险的能力。在应急措施和发展战略调整的共同作用下，中国消费率将进入缓慢的上升调整期。如果中国经济发展方式和结构调整在"十二五"时期能顺利实现，中国的消费率将进入稳定提高期。

（二）中国消费率变动幅度及趋势

从中国消费率变动幅度看，在第一阶段，改革开放初期连续三年消费率变动都在正区间内，但变动幅度在减小，也就是消费率增加的速度在下降。第二阶段（1982~1997年）消费率变动基本在负值区间，1993年变动达到最大值（-3.1），变动幅度为-4.97%；个别年份在正值区间内，如1996年消费率变动值为1.1个百分点，变动幅度是1.89%；尽管每年下降幅度不大，但由于下降时间较长，导致消费率下降7.5个百分点，降幅达到11.3%。在第三阶段（1998~2000年），受亚洲金融危机的冲击，中国首次提出扩大内需的政策。在扩大内需政策的推动下，消费率呈波动回升态势，变动都在正值区间内，1999年消费率增幅达到2.52%，到2000年消费率提高到62.3%。在第四阶段（2001~2008年）前期，即2001~2003年，消费率下降速度逐年加快，变动幅度逐年加大。2001年下降0.9个百分点，下降幅度为1.44%；2002年下降1.8个百分点，下降幅度为2.93%；2003年一年下降达到2.8个百分点，下降幅度达到4.7%。第四阶段后期，即2004~2008年，消费率依然在波动下降，但下降幅度在逐年缩小。2004年和2005年消费率均下降2.5个百分点，下降幅度分别为4.4%和4.6%，经过2004年和2005年的再次大幅下降（但低于2003年的降幅），2005年消费率降到51.8%。2006年消费率再次下降1.9个百分点，下降幅度为

3.67%，尽管下降幅度有所减小，但中国消费率至此已经降到50%以下，为49.9%。2007年和2008年消费率下降数值和幅度均进一步缩小，2007年和2008年分别下降0.9个百分点和0.4个百分点，下降幅度分别为1.8%和0.82%。

中国消费率经过多年的波动下降，已经降到历史最低点，可能已经没有进一步下降的空间。因而，从趋势上看，在经济发展环境改变和发展战略及政策调整的背景下，中国消费率将呈现止跌回升的趋势，消费率变动将进入波动缓慢的上升通道。中国消费率变动及幅度见图3-2。

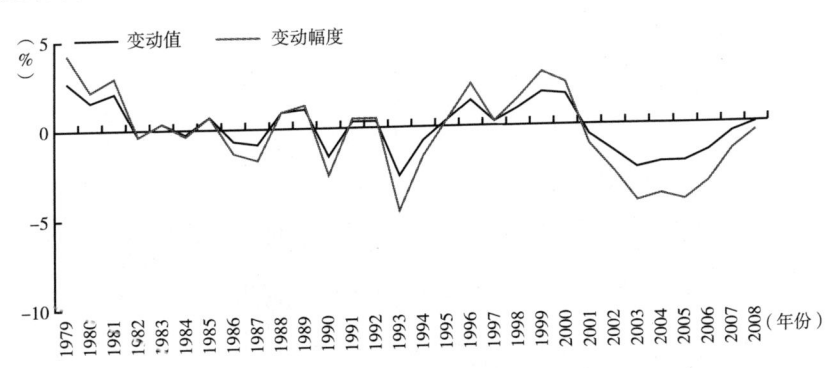

图3-2 中国消费率变动幅度及趋势

（三）中国消费率结构变动及趋势

在消费率结构上，中国的居民消费率占比在1990年以前一直在78%左右，变动幅度不大，比较稳定。1988年居民消费率占比达到80.01%的最大比例后，开始进入下降期（1989~1994年），直到1994年居民消费率占比降到74.74%的低位。1995年居民消费率占比突然出现大幅回调至77.24%，回调2.5个百分点，幅度达3.34%，1996年再次小幅回调至77.34%。此后，居民消费率占比一直处于下降通道，到2000年降到75%以下，2001年降到74%以下，2005年降到73%以下，2006~2008年居民消费率在消费率中的占比分别是72.76%、72.61%和72.68%。

政府消费率与居民消费率在消费率结构中的变动正好相反，1988年以前，政府消费率在消费中的占比一直稳定在22%左右，变动幅度也不大。政府消费率在1988年降到20%的低点后，开始进入上升期（1989～1994年），到1994年，政府消费率占比提高到25.31%。1995年和1996年出现回调，到1996年降至22.69%。1997年以来，政府消费率占比进入波动上升的时期，到2000年提高到25.46%，2001年为26.40%；到2005年已达27%以上，2006～2008年三年政府消费率占比分别为27.23%、27.30%和27.30%。中国消费率构成变动整体情况见图3-3。

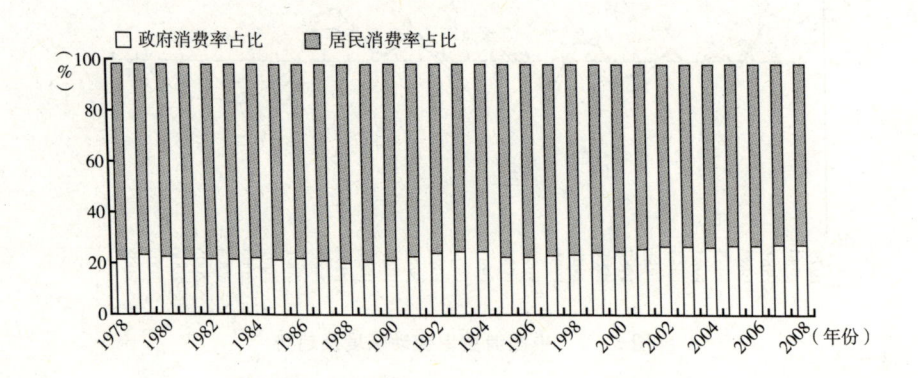

图3-3 1978～2008年中国消费率构成占比结构

从消费率构成的政府消费率和居民消费率的变动幅度看，政府消费率和居民消费率在1997年以前变动比较频繁，并且政府消费率占比的波动幅度均大于居民消费率，相比较而言，居民消费率占比波动幅度相对较小。1996～2002年政府消费率占比处于快速上升期，与此对应，居民消费率占比处于波动下降期。2005年以来政府消费率占比和居民消费率占比波动均比较平缓，特别是2006年以来，政府消费率占比和居民消费率占比的波动幅度均小于0.25%，处于稳定趋势。中国消费率构成变动幅度及趋势见图3-4。

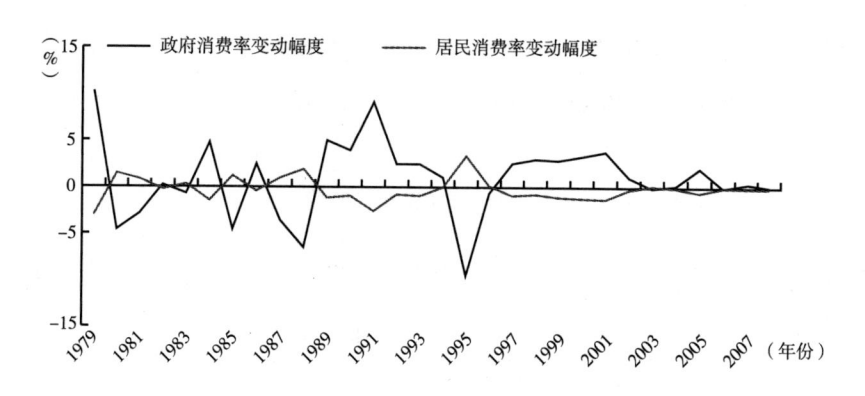

图 3-4 政府、居民消费率波动幅度

第二节 中国居民消费率现状和变动趋势

一 中国居民消费率现状

（一）中国居民消费率整体情况

1. 中国居民消费率基本情况

从改革开放到 1992 年，中国居民消费率均在 50% 上下小幅波动，基本保持在 50% 左右，最高是 1983 年达到 51.98%，最低是 1992 年，为 47.16%。1993 年中国居民消费率大幅下降，降至 44.43%，一年降了 2.73 个百分点，降幅为 4.97%。1993~2001 年，中国居民消费率基本在 45% 左右浮动，最高的年份是 2000 年，为 46.44%，最低的年份是 1994 年，为 43.50%。2004 年开始，中国居民消费率降到 40% 以下，为 39.83%，并呈波动下降趋势，2005~2008 年的数值分别为 37.74%、36.31%、35.58% 和 35.32%。2000 年以来，中国居民消费率与消费率一直呈波动下滑态势，9 年下降 11.12 个百分点，平均每年下降 1.23 个百分点。2000~2008 年，居民消费率下降数值占消费率整体下降的

47

81.02%，平均每年下滑的幅度占消费率平均每年下滑幅度的80.92%。中国居民消费率基本情况见表3-6。

表3-6 1978~2008年中国居民消费率基本情况

单位：%

年 份	1978	1979	1980	1981	1982	1983	1984	1985
居民消费率	48.79	49.15	50.76	52.47	51.93	51.98	50.82	51.64
年 份	1986	1987	1988	1989	1990	1991	1992	1993
居民消费率	50.46	49.90	51.13	50.91	48.85	47.53	47.16	44.43
年 份	1994	1995	1996	1997	1998	1999	2000	2001
居民消费率	43.50	44.88	45.79	45.21	45.34	46.00	46.44	45.16
年 份	2002	2003	2004	2005	2006	2007	2008	
居民消费率	43.68	41.67	39.83	37.74	36.31	35.58	35.32	

资料来源：《中国统计年鉴》。

2. 每五年阶段性居民消费率情况

中国居民消费率在"六五"时期均值是51.77%，占同期消费率的78.01%。"七五"时期相对"六五"时期均值有所下降，但占比有所提高，"七五"时期消费率均值是50.25%，占同期消费率的比值为78.66%。"八五"期间居民消费率均值出现大幅下降，降到45.50%，下降4.75个百分点，降幅达9.4%。"九五"时期相对"八五"时期基本保持稳定，上升0.25个百分点，期间均值为45.8%。"十五"时期相对"九五"时期出现快速下降，降到41.62%，下降4.13个百分点，降幅为9.04%。"十一五"时期前三年消费率依然保持快速下降态势，相对"十五"时期下降5.88个百分点，降到35.7%，降幅为14.13%。从五年规划阶段性消费率均值看，"六五"时期到"十一五"时期的30年间，中国居民消费率呈下降态势，特别是"十五"时期和"十一五"时期前三年（2006~2008年），下降速度加快，下降幅度提高。中国

"五年"规划期间居民消费率情况见表3-7。

从表3-7中可以看出,农村居民消费率在此期间波动下降,"七五"时期和"八五"时期下降较快,此后,下降速度变缓,但依然在下降。城镇居民消费率具有波动性,"七五"时期呈上升态势,"八五"时期下降,"九五"时期出现大幅上升,"十五"时期保持相对稳定,"十一五"时期前三年又出现下降。

表3-7 中国居民消费变动情况

单位:%

项 目	"六五"时期	"七五"时期	"八五"时期	"九五"时期	"十五"时期	"十一五"时期
消费率	66.34	63.88	60.10	60.23	56.77	49.15
居民消费率	51.77	50.25	45.50	45.75	41.62	35.74
农村居民消费率	31.7	26.9	14.60	14.47	12.22	9.16
城镇居民消费率	20.0	23.3	19.55	28.82	29.39	26.58

资料来源:根据《中国统计年鉴》计算整理。

(二)居民消费率构成现状

1. 居民消费率整体构成情况

在居民消费率构成中,农村居民消费率在1978~1983年期间,逐年小幅提升,由1978年的30.30%升高到1983年的32.34%,在1983年达到历史最高点。此后,逐年下降,到1993年降到20%以下;2005年降到10.19%;2006年降到10%以下;2006~2008年分别为9.52%、9.09%和8.87%,农村居民的消费率越来越小。城镇居民消费率与农村居民消费率相比略有不同,早期经过较短的上升期(1978~1981年),由18.49%上升到1981年的20.45%;然后开始回落(1982~1984年),由1982年的19.95%下降到19.42%。此后,在小幅波动中稳步提高,到2000年升高到31.10%;但2001年以来又开始逐年下降,到2008年下降到26.46%。城镇居民消费率2001年以来下

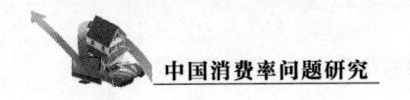

降了4.64个百分点,下降幅度较大。农村居民消费率和城镇居民消费率的情况见表3-8。

表3-8 1978~2008年中国居民消费率构成情况

单位:%

年 份	1978	1979	1980	1981	1982	1983	1984	1985
农村居民消费率	30.30	30.61	30.72	32.02	31.98	32.34	31.40	30.95
城镇居民消费率	18.49	18.54	20.04	20.45	19.95	19.64	19.42	20.69
年 份	1986	1987	1988	1989	1990	1991	1992	1993
农村居民消费率	29.11	27.93	27.12	26.26	24.20	22.51	21.16	18.57
城镇居民消费率	21.34	21.97	24.01	24.65	24.64	25.02	26.00	25.87
年 份	1994	1995	1996	1997	1998	1999	2000	2001
农村居民消费率	17.67	17.83	18.75	17.85	16.72	16.00	15.34	14.49
城镇居民消费率	25.83	27.05	27.03	27.36	28.61	30.00	31.10	30.67
年 份	2002	2003	2004	2005	2006	2007	2008	
农村居民消费率	13.52	11.95	10.95	10.19	9.52	9.09	8.87	
城镇居民消费率	30.16	29.71	28.88	27.55	26.79	26.49	26.46	

资料来源:根据《中国统计年鉴》计算整理。

2. 居民消费率结构比例情况

在消费率比例关系中,农村居民消费率占比下降较快,1990年降到40%以下,1998年降到30%以下,到2005年降到20%以下。2006~2008年农村居民消费率占比分别为19.08%、18.55%和18.24%。与农村居民消费率变化相反,城镇居民消费率占比一直在提高,由1979年的28.78%提高到2008年的54.44%,30年提高了25.66个百分点;2006~2008年城镇居民消费率占比分别为53.68%、54.06%和54.44%。居民消费率(农村居民消费率和城镇居民消费率)占消费率的比例情况见表3-9。

表3-9 1978~2008年中国居民消费率结构比例

单位：%

年　份	1978	1979	1980	1981	1982	1983	1984	1985
居民消费率占比	78.56	76.32	77.49	78.19	78.09	78.28	77.24	78.25
农村居民消费率占比	48.79	47.54	46.90	47.72	48.09	48.71	47.72	46.90
城镇居民消费率占比	29.78	28.78	30.59	30.47	30.01	29.57	29.51	31.35
年　份	1986	1987	1988	1989	1990	1991	1992	1993
居民消费率占比	77.74	78.45	80.01	78.93	78.16	76.17	75.58	74.93
农村居民消费率占比	44.86	43.91	42.45	40.71	38.73	36.07	33.91	31.31
城镇居民消费率占比	32.89	34.54	37.57	38.21	39.43	40.09	41.66	43.62
年　份	1994	1995	1996	1997	1998	1999	2000	2001
居民消费率占比	74.74	77.24	77.34	76.63	76.07	75.29	74.54	73.55
农村居民消费率占比	30.37	30.69	31.68	30.25	28.06	26.19	24.62	23.60
城镇居民消费率占比	44.37	46.55	45.66	46.38	48.00	49.10	49.91	49.95
年　份	2002	2003	2004	2005	2006	2007	2008	
居民消费率占比	73.29	73.36	73.34	72.86	72.76	72.61	72.68	
农村居民消费率占比	22.69	21.05	20.17	19.67	19.08	18.55	18.24	
城镇居民消费率占比	50.61	52.31	53.18	53.19	53.68	54.06	54.44	

资料来源：《中国统计年鉴》。

3. 居民人均消费率现状

人均消费率就是指在考虑人口因素后的人均消费支出与人均GDP的比值，可以反映人口变化对消费率的影响。30年来，中国城镇和农村人口结构发生了很大的变化，为了体现城乡人口变动对城镇居民和农村居民消费率的影响，需要在消费率概念的基础上引入人均消费率的概念。

居民人均消费率 = 居民人均消费支出 ÷ 人均GDP × 100%
农村居民人均消费率 = 农村居民人均消费支出 ÷ 人均GDP × 100%
城镇居民人均消费率 = 城镇居民人均消费支出 ÷ 人均GDP × 100%

居民人均消费率在1990年是48.8%，城镇居民人均消费率是93.3%，农村居民人均消费率是32.9%，城镇居民人均消费率是农村居民人均消费率的2.84倍。1994年居民人均消费率降到43.5%，城镇居民人均消费率降至90.6%，农村居民人均消费率降至24.7%。1995

年人均消费率均有所回升，居民人均消费率回调至44.9%，城镇居民人均消费率回调至93.1%，农村居民人均消费率回调至25.1%，城镇居民人均消费率是农村居民人均消费率的3.71倍。2000年居民人均消费率经过连续6年的回调，升高至46.4%，其间农村居民人均消费率波动下降至24.1%，城镇居民人均消费率是农村居民消费率的3.57倍。2001年以来，居民人均消费率、城镇居民人均消费率和农村居民人均消费率都进入下降通道，但城镇居民人均消费率相对下降更快。2005年居民人均消费率降至37.7%，城镇居民消费率降至64.1%，农村居民人均消费率降至17.9%；城镇居民消费率是农村居民的3.58倍。2000年以来居民人均消费率及其结构情况见表3-10。

表3-10 2000~2008年中国居民人均消费率及其结构情况

单位：%

年份	居民人均消费率	城镇居民人均消费率	农村居民人均消费率
2000	46.4	85.9	24.1
2001	45.2	81.4	23.2
2002	43.7	77.2	22.2
2003	41.7	73.3	20.1
2004	39.8	69.1	18.8
2005	37.7	64.1	17.9
2006	36.3	61.0	17.0
2007	35.6	58.9	16.5
2008	35.3	57.9	16.3

资料来源：根据《中国统计年鉴》整理计算。

二 中国居民消费率变动及趋势

（一）居民消费率变动整体情况

中国居民消费率的变动具有明显的两个周期，1979~1994年是一个周期，经过5年的波动增长到1983年居民消费率达到本周期的最大值（51.98%），然后开始小幅波动下降，到1987年降到本周期的较低点（49.90%）；1988年居民消费率回升至51.13%，其后又开始快速波动下降，到1994年降至本周期的最低点（43.50%）。1995年开始进入第二个变动周期，在上一周期的低点开始小幅回升，到2000年回升到新一周期的高位（46.44%），其后进入波动下降阶段，并且下降幅度较大，平均每年下降1.39个百分点，特别是2003年和2005年两个年份，下降均超过2个百分点，2007年和2008年下降才开始减小到1个百分点以下，2008年下降0.25个百分点。这说明居民消费率经过长期的快速下降，可能已经触及最低点，进一步下降的空间已经很小。从趋势上看，中国居民消费率很有可能在2008年触底后开始反弹，进入回升调整期。中国居民消费率整体变动情况见图3-5。

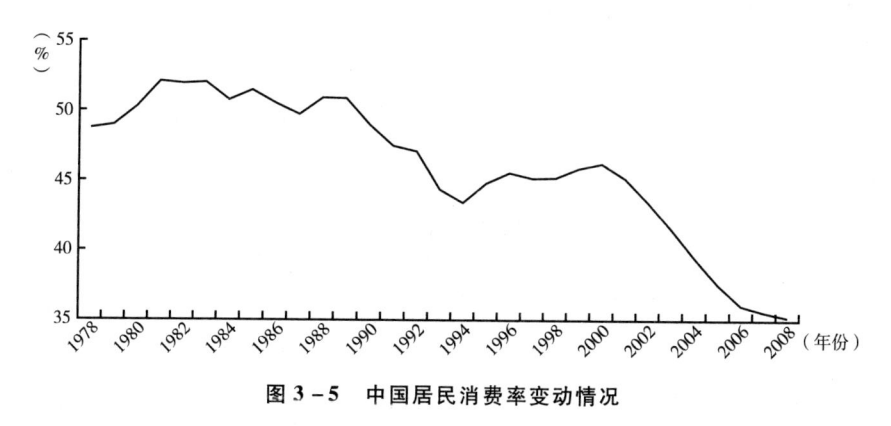

图3-5 中国居民消费率变动情况

在改革开放初期，居民消费率变动3年都在正值区间内，消费率逐年提高，且提高速度一年比一年快，1980年和1981年居民消费率增加均超过1个百分点。1982～2000年，居民消费率变动频度较高，除少数年份出现回调外，多数年份的变动都在负值区间内，整体呈下降趋势。2000年以来，居民消费率变动都在负值区间内，2005年以前下降逐年加快，在2005年降幅达到最大值（-2.08%）后，下降幅度开始逐步减小，到2008年只下降0.25个百分点。从趋势上看，近几年，居

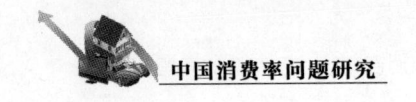

民消费率下降速度减缓,有回升态势。1978~2008年中国居民消费率波动及其波动幅度情况见图3-6。

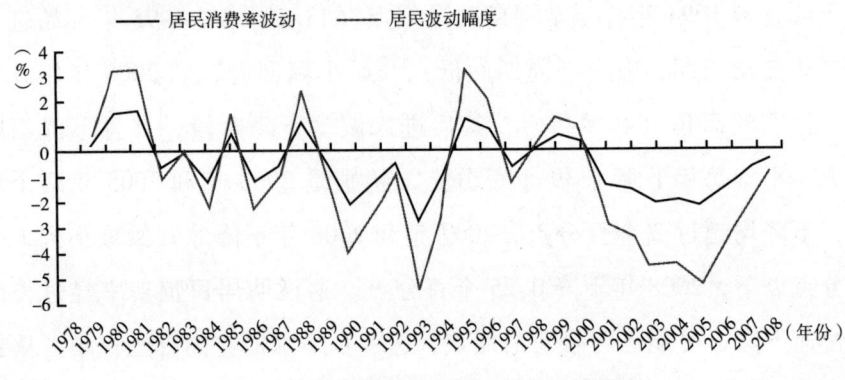

图3-6 中国居民消费率波动和波动幅度

(二) 居民消费率构成变动情况

居民消费率包括城镇居民消费率和农村居民消费率。在居民消费率构成中,农村居民消费率持续波动下降,其占比也不断降低;相反,城镇居民消费率不断提高,其占比不断增加。1978~2008年城乡居民消费率变动情况见图3-7。

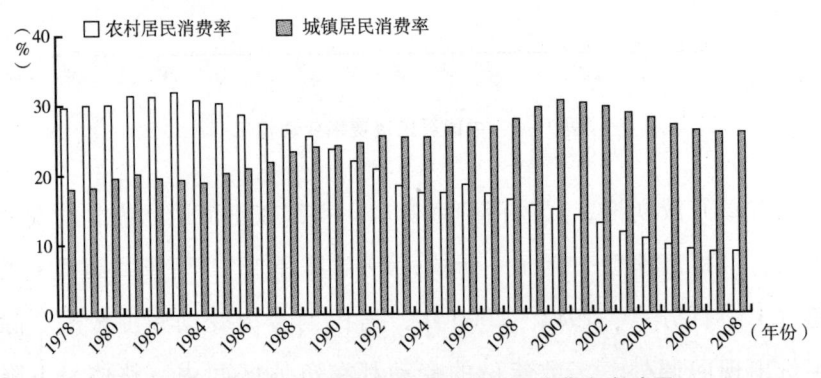

图3-7 1978~2008年中国城乡居民消费率变动图

图3-7显示,农村居民消费率与城镇居民消费率变动趋势基本相反。农村居民消费率一直持续波动下降;城镇居民消费率在2000年以

前持续波动上升，但2000年以后也开始进入持续下降的态势。具体来看，在1985年以前，农村居民消费率都在30%以上，在居民消费率中的占比一直大于60%；城镇居民消费率不到20%，在居民消费率中的占比不到40%。这说明了1985年以前，农村居民在中国消费中的主体地位。1983年以来，农村居民消费率占比一直波动下降，城镇居民消费率波动上升，1985年农村居民消费率降到60%以下，城镇居民消费率升到40%以上；1990年农村居民年消费率占比下降到50%以下（49.6%），城镇居民消费率上升到50%以上（50.45%）；1995年农村居民消费率占比降到40%以下（39.7%），城镇居民消费率上升到60%以上（60.27%），城镇居民成为中国居民消费的主体。到2003年农村居民消费率占比已经降到30%以下（28.7%），2006~2008年分别为26.2%、25.5%和25.1%；城镇居民消费率占比与此对应不断提高，2003年达到71.31%，2006~2008年分别为73.77%、74.45%和74.90%。农村居民消费在居民消费中的地位逐年下降，城镇居民作为中国居民消费主体的地位已经确立。随着城镇化的进一步推进，中国城镇居民人口数量不断增加，城镇居民消费占比会进一步提高，农村居民消费占比将进一步下降。居民消费率结构变化情况见图3-8。

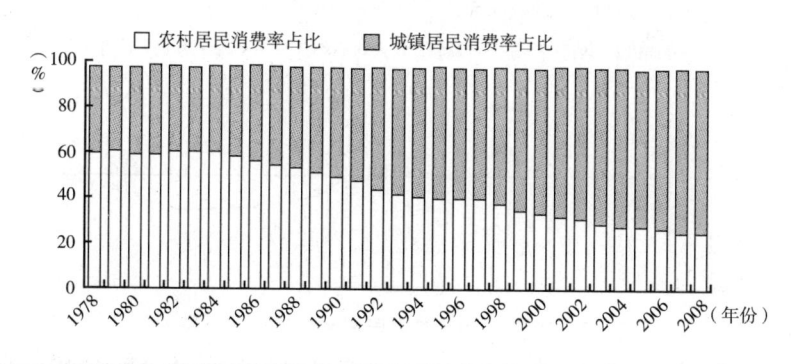

图3-8 中国居民消费率构成变化情况

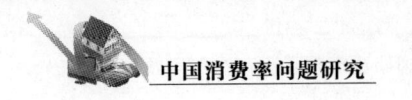

(三) 居民人均消费率变动情况

由于人口因素对人均消费支出和总产出的影响相同，居民整体人均消费率波动数值、幅度和趋势均与消费率的变化保持一致。农村和城镇人口结构的变化对农村和城镇居民消费率的影响产生了差异。这里鉴于数据的原因，我们重点考察1990~2008年的居民人均消费率及其结构情况。

1990年以来，人均消费率整体呈下降的局面。居民人均消费率由1990年的48.8%下降到2008年的35.3%，下降13.5个百分点，下降幅度是27.69%。城镇居民人均消费率由93.3%下降到57.9%，下降35.4个百分点，下降幅度是37.93%。农村居民人均消费率由32.9%下降到16.3%，下降16.6个百分点，下降幅度达到50.37%。从人均消费率波动绝对值看，居民消费率波动最小，近20年年均下降0.8个百分点，下降幅度年均1.8%；城镇居民人均消费率波动值最大，年均下降2个百分点，下降幅度小于农村居民，年均下降2.6%；农村居民年均下降0.9个百分点，但下降幅度最大达到3.7%。中国居民人均消费率变动和变动幅度情况见图3-9和图3-10。

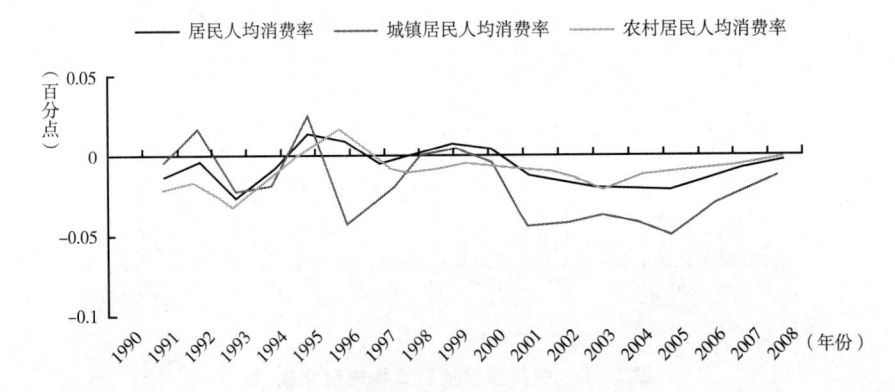

图3-9 中国居民人均消费率波动

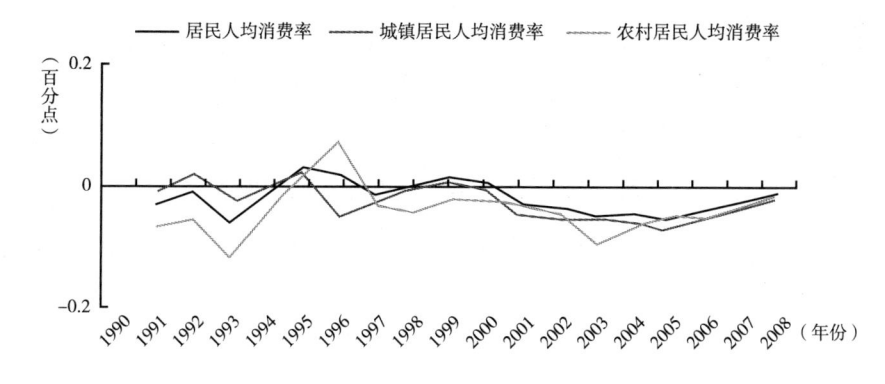

图 3-10 人均消费率波动幅度

通过分析计算结果可以发现：一是20世纪90年代以来，中国城镇居民人均消费率和农村居民人均消费率都波动下降。二是城镇居民和农村居民人均消费率与整体变动情况发生了差异。在居民消费率整体构成中，城镇居民消费率在同一时间区间内上升幅度是11.59%；但城镇居民人均消费率下降幅度却高达近40%。农村居民消费率在同一时间区间内下降幅度是63.37%，大于农村居民人均消费率下降的幅度近13个百分点。在考虑人口因素后，城镇居民人均消费率不升反降，农村居民人均消费率下降幅度减小。

第三节　中国政府消费率现状和变动趋势

一　中国政府消费率现状

1978年中国政府消费率是13.31%，在1979年提高到15.20%的高位后开始波动下降，到1988年降到最低点为12.81%。1989~1992年政府消费率波动上升，到1992年达到15.25%的高位，其后又连续三年下降，到 1995 年降到 13.25%。1997 年政府消费率又开始 5 年的波动上升期，到 2001 年上升到历史高位，达到 16.21%。从 2002 年开始，政府消费率进入 7 年的波动下降期，2006 年政府消费率降到 14% 以下，为 13.59%，2007 年进一步下降至 13.38%，到 2008 为 13.27%，已经接近政府消费率的历史低位。30 年来，中国政府消费率变动情况见图 3-11。

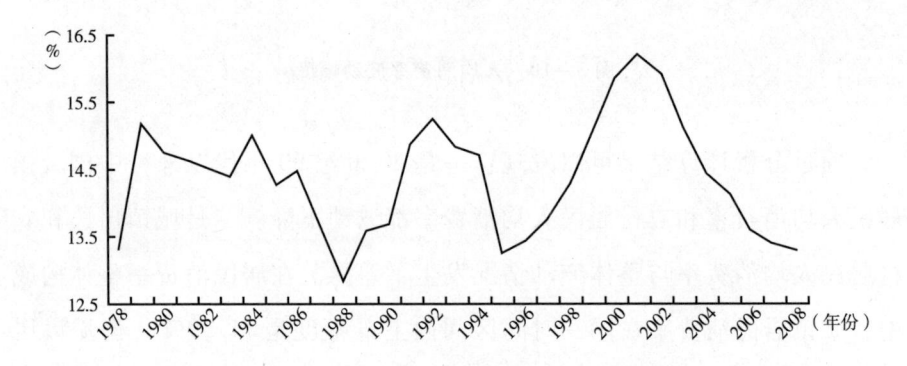

图 3-11　1978~2008 年中国政府消费率情况

中国政府消费率变动有明显的三个周期，第一个周期是 1978~1988 年，最高点是 1979 年（15.2%），最低点是 1988 年（12.8%），平均值为 14.28%。第二个周期是 1989~1995 年，最大值是 1992 年（15.25%），最小值是 1995 年（13.25%），均值是 14.32%。第三个周期是 1996~2008 年，其中，1996~2001 年，政府消费率处于上升期，在 2001 年达到最大值（16.21%），2002~2008 是下降期，到 2008 年下降到 13.27%，整个周期消费率均值为 14.49%。

二　中国政府消费率变动及趋势

中国政府消费率从变动值和变动幅度看，在 1995 年以前，升降变化比较频繁但升降幅度都不大，基本在正负一个百分点之内，只有

1995年消费率下降超过1个百分点（-1.48%）。从1996年开始，政府消费率进入长达6年的波动上升期，尽管上升幅度不大，但由于波动时间长，政府消费率依然在2001年达到16.21%的高位。2002年起，政府消费率又进入长达7年的波动下降期，到2008年降到13.27%。从近几年消费率下降幅度看，2006年为-0.51%，2007年为-0.21%，2008年为-0.11%，政府消费率下降幅度在缩小；从变化趋势看，政府消费率停止下降回升的可能性较大。

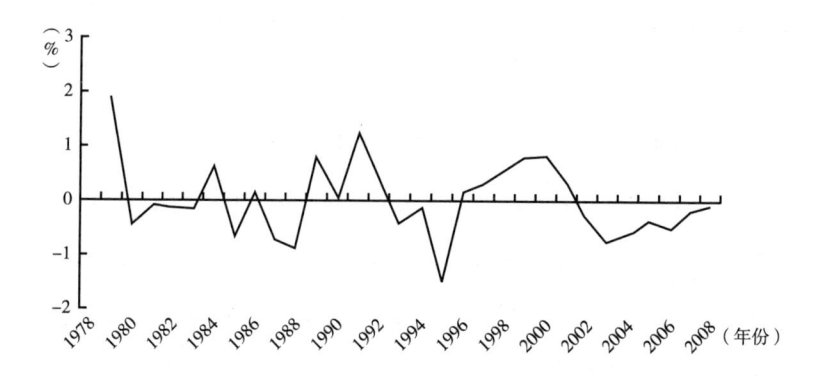

图3-12　1978~2008年政府消费率变动情况

第四节　中国消费率的特点和存在的问题

一　中国消费率的特点

通过对中国消费率概况和变动的分析，可以发现，30年来中国消费率呈现出独有的特征，主要有以下几点。

（一）中国消费率整体呈波动下降态势

中国的消费率在"六五"期间平均值为66.34%，"七五"期间平

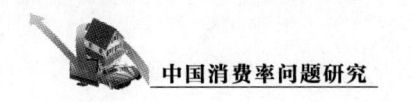

均值为63.88%,"八五"期间平均值为60.1%,"九五"期间平均值为60.23%,"十五"期间平均值为56.77%,"十一五"时期的前三年平均值为49.15%。相对于"六五"时期,消费率在"七五"时期下降了2.46个百分点;相对于"七五"时期消费率,"八五"时期下降了3.78个百分点;"九五"时期略有回升,五年只回升了0.13个百分点;"十五"时期又开始大幅下降,五年下降了3.46个百分点;"十一五"时期延续"十五"时期的下降趋势,三年时间下降了7.62个百分点。特别是"十五"时期以来中国消费率下降较快,致使中国消费率降到50%以下的低点。

(二) 目前处于历史低位,与主要国家差距拉大

中国的消费率在1993年降到60%以下,1999～2001年恢复到60%以上,但在2002年再次降到60%以下,并在2006年降到50%以下。特别是2000年以来,经过8年的快速下降,当前降到48.6%的历史低位。在中国消费率下降的同时,世界主要国家消费率在逐步提升,中国消费率与世界主要国家消费率的差距逐渐拉大。

(三) 下降幅度缩小,有止降回调趋势

2001年以来中国消费率进入快速下降通道,2001年下降0.9个百分点;2002年下降幅度提高到1.8个百分点;2003年进一步提高到2.8个百分点;2004年和2005年又分别下降2.5个百分点;5年下降10.5个百分点。在经历"十五"时期消费率的快速下降后,消费率呈减缓趋势,2006年下降为1.9个百分点,降到2%以下;2007年下降幅度进一步减小,为0.9个百分点;2008年为0.4个百分点,下降幅度在减小。居民消费率在2005年下降2.09个百分点;2006年下降1.43个百分点;2007年下降0.73个百分点;2008年只下降了0.26个百分点。政府消费率在2005年下降0.37个百分点;2006年下降0.51个百分点;

2007年下降0.21个百分点；2008年下降0.11个百分点。可见，中国消费率、居民消费率和政府消费率的下降幅度都在减小，有停止下降回升的趋势。

（四）居民消费率下降幅度较大

2001年以来，中国居民消费率和政府消费率同时进入波动下降通道，但居民消费率是政府消费率下降的3.78倍；下降幅度是政府消费率的1.465倍。居民消费率由2000年的46.4%下降到2008年的35.3%，下降11.1个百分点，下降幅度为23.93%。政府消费率由2001年的16.21%下降到2008年的13.27%，下降2.94个百分点，下降幅度是16.33%。可见，居民消费率下降的幅度大于政府消费率，居民消费率下降是中国消费率下降的主要原因；政府消费率下降也是消费率下降的重要原因。居民消费率和政府消费率的长期波动下降导致中国消费率的快速下降，造成中国消费率低于50%的局面。

（五）城镇居民消费率上升与农村居民消费率下降

在消费率构成中，统计数据显示中国城镇居民消费率上升，农村居民消费率下降。城镇居民消费率由1978年的18.5%上升到2008年的26.5%，上升幅度达到40.08%。农村居民消费率由1978年的30.3%下降到2008年的8.9%，下降幅度高达70.74%。在不考虑人口因素的情况下，显示出中国城镇居民消费率上升，农村居民消费率下降的特点。

（六）城镇居民和农村居民人均消费率均下降

考虑人口因素的变化后，中国城镇居民消费率上升可能就是一个合成谬误问题；同样，农村居民消费率下降幅度高达70%可能也是一个伪命题。那么，通过计算城镇和农村居民人均消费率，可以发现它们都是下降的，城镇居民人均消费率下降幅度也不小，达到37.93%；农村

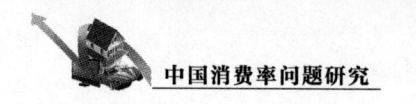

居民人均消费率尽管还是很高，但只有 50.37%。所以，从人均消费率的角度看，中国城镇和农村居民人均消费率都是下降的，只是农村居民人均消费率下降的幅度大于城镇居民。

二 中国消费率波动下降蕴涵的风险

消费率是宏观经济运行的一个主要指标，消费率的高低将会促进或阻碍经济的增长和影响经济增长的质量。进入 21 世纪以来，中国消费率波动多年下降，可能隐含以下风险。

（一）消费率波动下降蕴涵对外经济失衡的风险

国内消费率波动下降背景下的经济高速增长，必然依赖外向型投资和外部市场。外部市场需求强劲是外向型投资的动力，在外部市场旺盛的拉动下形成强劲外需－外向型投资快速增加－外向型经济快速增长，逐步形成依赖外需和外向型投资拉动的经济发展模式。依赖外部市场的发展模式必然会导致经济发展内需的基础下降，对外贸易依存度提高，贸易顺差加大，国际贸易摩擦增多，人民币升值压力加大。消费率波动下降蕴涵着内部国民经济结构失衡和对外经济失衡的风险。

（二）消费率波动下降蕴涵国民经济脆弱性加大的风险

消费率波动下降，势必导致消费率相对经济稳定、波动增长的内需基础要求偏低，内需偏低意味着内部消费需求不足。内部消费需求不足必然导致内向型企业经营效益下降，投资效益下滑，失去经营的动力和创新的活力，进而可能引致内向型供给不足和一些产品质量问题，影响经济的增长质量。这样，经济发展的内部脆弱性加大。另外，在内部消费需求不足的背景下，经济保持高速增长的条件是提高对外部市场的依赖度。随着经济对外部依赖度的提高，外来风险加大了经济运行的复杂性，在处理能力和准备不足的情况下将强化经济运行的脆弱性。因此，消费率波动下降，无论是从内向型经济的角度还是从外向型经济的角度来看，都意味着国民经济脆弱性提高，有失稳的风险。2008年国际金融危机给中国经济发展带来的严重影响就是国民经济脆弱性增强的很好的证明。

（三）消费率波动下降蕴涵民生风险

消费率波动下降在本质上就是总产出用于消费的比例波动下降，意味着用于民生支出的比例波动下降。在经济高速增长、财富迅速积累的社会背景下，消费率波动下降，居民生活质量提高缓慢，生存压力加大，民生风险提高。生产的最终目的是为了消费，经济高速增长而生活质量长期得不到改善，这可能会引发居民对社会的不满情绪，也可能会孕育不可预知的社会风险。

（四）消费率波动下降孕育着通货膨胀（紧缩）的风险

消费率波动下降，从整体结构平衡看只意味着通货紧缩，但在中国特殊的二元运行机制下，可能孕育着内部市场通货膨胀和对外通货紧缩同时存在的风险。在"发展是硬道理"和"发展是第一要务"的理念推动下，内部需求不足促使企业寻求拓展外部市场，逐步分化成外向型企业和内向型企业，形成各自独立的外向型经济循环和内向型经济循环二元循环机制。多年来，在外需强劲的拉动下，外向型经济不断强化；在内需不足的影响下，内向型经济不断弱化，内向型供给能力下降。随着经济的长期波动高速增长，收入水平的不断提高，内部消费需求能力不断积累，内向型供给能力可能满足不了内部需求的增长，因而，内向型经济存在通货膨胀的风险。相反，随着外部市场需求的变化，外部供给能力的不断增加，外部需求可能无法与外向型供给能力的增长相适应，中国外向型经济可能存在通货紧缩的风险。实际上，近年来中国内部市场通货膨胀，对外通货紧缩现象已经存在，同样是国内生产的产品

63

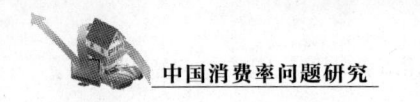

"国外便宜，国内贵"以及人民币"对内贬值，对外升值""对内购买力下降，对外购买力上升"就是很好的说明。

（五）消费率波动下降蕴涵经济高速增长无法持续的风险

改革开放以来，中国的消费率呈波动下降趋势，特别是进入21世纪以来，下降幅度加大，消费率降到历史的低位；但中国经济一直保持高位增长运行，30年年均增长达到9.89%；2001～2008年年均增长10.19%。低消费率支撑下的经济高速增长导致净出口快速增加，对外贸易顺差波动扩大，对外贸易摩擦急剧增加，人民币升值压力加大等一系列的问题；最重要的是内需不足条件下的经济高速增长缺乏稳定性，经济抵御外来风险的能力下降、脆弱性加大。缺乏内需基础的经济高速增长蕴涵着无法持续的风险，特别是消费率经过长期的下降后，经济高速增长无法持续的风险加大。

三 中国消费率波动下降引出的问题

中国消费率波动下降，30年来已经降到50%以下的历史低位，引起学界和政府的高度关注。由中国消费率波动下降引出以下理论和实践问题需要学界和政府共同关注和解决。

（一）对中国消费率高低的判定问题

中国消费率持续波动下降引起学者们对中国经济发展过程中内需不足、消费率偏低的担忧。这样，引出的第一个问题就是对中国的消费率是否偏低的判定。学术界的主流观点是中国消费率偏低。论证方法是比较法，即将中国消费率与世界平均消费率的比较，与不同发展水平国家的比较以及通过钱纳里标准比较得出中国消费率在数值上偏低的结论。目前，中国的消费率相对其他国家偏低的观点基本达成一致。但相对于内部经济运行，对于消费率偏低的主流观点，有学者提出质疑，譬如郭

兴方 (2007) 认为不能简单地依据消费率的国际比较来判定消费率的高低，而是要依据经济运行是通胀还是通缩，再生产是否能顺利运行，微观主体企业的盈利活力来判断消费率的高低。多年来中国一直在与通货膨胀做斗争，从中国多年来经济运行的实际来看，中国的消费率倒不是偏低而是偏高了。实际上，中国经济当前的现状是低消费率与国内通货膨胀并存的困境。那么，中国消费率究竟是偏高还是偏低，如何判定？这些依然是中国消费率波动下降的现实情况下需要研究的首要的问题。

(二) 最优消费率与消费率合理区间问题

中国消费率持续波动下降引出的第二个问题是消费率高低判定的标准问题，也就是最优消费率是否存在以及消费率合理区间到底在哪个范围内？中国消费率经过多年的波动下降，目前是否已经低于最优消费率，是否已经低于合理消费率区间的下限？如果最优消费率存在，如何确定最优消费率并在最优消费率的基础上求出消费率的合理区间？对于最优消费率是否存在的问题，主流学者们认为最优消费率在理论上存在；但由于影响因素复杂，在现实中很难实现。对于消费率合理区间问题，目前学者们主要是采用经验实证的方法来推求中国的消费率合理区间，结论大体一致，基本是在 60%～65% 的范围内。但很少有学者从理论上推导消费率合理区间的范围。那么，中国消费率波动下降引出的第二个问题就是最优消费率和消费率合理区间的理论推导以及中国目前的消费率是否合理的判定问题。

(三) 中国消费率波动下降的成因问题

针对中国消费率波动下降，国内学者 20 世纪 90 年代末以来就开始进行研究，已有文献很多，但多是运用凯恩斯的需求理论，即从需求的角度论述中国消费率下降的原因，主要观点有中国居民消费倾向下降，

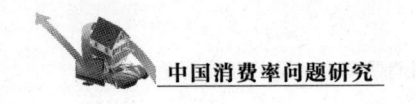

可支配收入占比下降以及中国传统节俭文化的影响。还有学者从发展的阶段性的角度论述中国消费率波动下降的原因，即处于城市化、工业化阶段，需要较高的投资率，从而消费率下降是一种必然的客观规律。很少有学者系统研究中国消费率波动下降的成因及传递机理，那么，中国消费率波动下降的成因及传递机理依然是非常重要的问题，需要做进一步系统全面的研究。

（四）中国消费率波动下降的对策

针对中国消费率波动下降的问题，多数学者依据自己的研究成果提出"促进消费，扩大内需，提高消费率"的对策建议。政府也采纳了部分促进消费、扩大内需的建议，制定了相应的政策措施，例如，"万村千乡工程""双百工程""农超对接""家电下乡工程""双进工程""早餐示范工程""家电、汽车以旧换新"等。类似这些刺激消费的政策短期会对消费起到一定刺激作用，但不能解决根本问题，也很难实现扩大消费、提高消费率的目标。那么，针对消费率波动下降，需要找出消费率下降的根源，在此基础上制定相应的对策措施是急需研究的问题。

（五）对消费率的认识问题

消费率只是宏观经济运行的统计、监控指标，消费率的高低是由经济结构和分配结构决定的，是经济运行的自然结果，因而不是宏观调控的工具，也没有调控工具的功能，只能是宏观调控的目标。针对中国偏低的消费率，很多学者提出提高消费率的建议和要求，很显然，学者们是出于对中国经济未来是否波动、稳定、安全运行的担心，把提高消费率作为宏观经济调控的目标；但如何提高消费率，调控消费率的工具是什么，需要进一步研究中国的发展方式和经济结构以及经济发展政策和分配结构及分配政策，正确找出导致中国消费率下降的直接原因、间接原因和根本原因，有针对性地治标除本进行调整，才能实现调控提高消费率的目的和任务。

本章小结

中国消费率经过多年的持续波动下降，目前已经处于历史低位，与世界主要国家的消费率差距拉大。在消费率构成上，政府消费率相对比较稳定；居民消费率持续波动下降幅度较大。居民消费率在构成上包括城镇居民消费率和农村居民消费率。在2000年以前，城镇居民消费率表现为持续波动上升，2000年以后开始波动下降。农村居民消费率1983年以来就开始持续波动下降，并且农村居民消费率下降的幅度大于城镇居民消费率提高的幅度，整体表现为居民消费率下降。2000年以来，城镇居民消费率由上升转为下降，加快了居民消费率下降的速度；居民消费率快速下降带动消费率持续下降，致使中国居民消费率和消费率都处于历史低位。

消费率持续波动下降蕴涵了一系列经济风险和社会风险，主要包括：对外经济失衡的风险、国民经济脆弱性加大、可能存在经济失稳的风险、居民生活压力加大导致的民生风险、供需不平衡导致的通胀或通缩的风险加大、内需基础削弱导致的经济无法持续增长的风险的加大。因此，消费率持续波动下降问题引起学界和政府的高度关注，特别是消费率的高低问题、最优消费率及消费率合理区间问题、消费率持续波动下降的成因及对策问题应该成为学界和政府研究和关注的热点和焦点问题。

第四章　消费率决定理论模型及应用

目前，判定消费率高低的方法主要是比较法，即自身的纵向比较、与其他国家或与国际经验标准比较，通过比较得出中国消费率高低的结论。比较法对于消费率高低的判定具有一定的参考价值和借鉴意义，但因为缺乏经济学理论的支撑，其结论的说服力不强，一直受到学界的质疑。本章试图从供给的角度以要素最优配置和消费最大化理论为基础推导、构建出消费率决定理论模型，并推求出理论最优消费率；然后，将实际消费率与理论最优消费率进行比较，判定实际消费率的高低，并依据经济运行中对通货膨胀的容忍度估算出消费率的合理区间。本章的主要任务是探讨理论最优消费率及消费率的合理区间问题，进而探讨判定消费率高低的标准和消费率是否合理的依据。

第一节　最优消费率及消费率合理区间的研究现状

消费率是宏观经济重大比例关系的一个主要指标，合理消费率不仅关系到需求和供给总量平衡及消费品、投资品与其供给的结构平衡问题，还关系到资源配置问题。经济发展实践经验表明，消费率处于合理的区间时，经济运行就会在保证居民生活水平合理提高的同时为经济的后续发展打好基础；反之，则会导致通货膨胀或通货紧缩，进而影响甚至阻碍经济的顺利运行。新中国成立以来，消费和投资的合理区间问题一直备受学术界和决策层的关注，特别是20世纪90年代后期以来，随着经济体制改革的深入推进，对消费率和投资率的合理区间问题有了进一步的探讨。

当前，在中国消费率是否偏低的问题上，国内学界主流观点是我国消费率偏低，代表性学者和机构主要有：范剑平（1999）、尹世杰（2001，2002）、国家计委政策法规司课题组（2001）、刘国光（2002）、陈新年（2003）、国家发改委宏观经济研究院课题组（2003）、卢中原（2003）、董辅仁（2004）、郑新立（2007）、卢嘉瑞（2005，2007）、许永兵（2005，2009）、刘尚希（2007）、乔为国（2007）、熊学华（2008）、姚纲令和王丽娟（2009）、蔡德容（2009）、张全红（2009）、马晓河（2010）等。少数学者对消费率偏低观点的论证方法和结论表示质疑，代表性学者有：罗云毅（2000，2004）、朱锡平和唐英（2003）、郭兴方（2007）等。

在最优消费率的探讨上，曾令华（1997）认为理论最优消费率是能实现资源最优配置、商品供求结构平衡、社会总供求平衡的消费率。不过，他认为最优消费率只是一个理论概念，在现实中由于资源配置不能达到最优，理论最优消费率也不可能实现；但在资源配置效率较高的条件下，消费率可以向最优消费率靠近。吴忠群（2009）论证了消费率具有稳定性和合理性，并在无限期界的条件下推导出最优消费率的求解公式；不过，他认为最优消费率不可能通过观测宏观经济运行状况来确定。罗云毅（2006）依据世界各国消费投资比例实际存在的巨大差异的现实，对最优消费投资比例是否存在提出质疑。他的基本观点是试

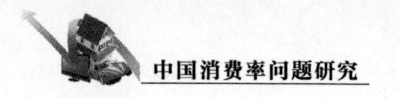

图人为确定一个投资消费比例,据此制定相应的调控政策并不可取。田卫民(2008)在描述新中国历年特别是1978年以来消费率变动的特征事实的基础上,通过分析消费总额和经济增长的关系,建立消费内生经济增长模型,估算出中国的最优消费率为66.4%。王涛(2004,2005)运用考伊克分布滞后模型推导出当前优化投资率小于40%,约等于39%,消费率保持在60%比较合适。

在消费率的合理区间方面,国家计委课题组(1993)在遵循"有效保持经济平稳高效增长,兼顾人民生活水平提高"的原则下,依据1978~1990年的发展经验,提出中国的投资率保持在35%上下,库存保持在5%以下,居民消费保持在55%左右较为合理。王涛(2005)通过中国1978年以来经济运行实践中消费率和投资率的比较分析,推导出中国的消费率的合理区间是60%~65%,投资率的合理区间是35%~39%;并进一步运用考伊克(L. M. Koyck)分布滞后模型推导出当前优化投资率小于40%,约等于39%,当前消费率保持在60%比较合适。闻潜(2005)根据1990年以来中国宏观经济运行状况,认为消费率适度区间的下限为63%,上限为68%。

以上学者的研究成果说明:关于最优消费率和消费率合理区间的研究还处在理论探讨和经验实证层面。探讨消费率高低问题时没有统一的有理论支持的判定标准;而采用比较法(纵向国内比较、横向国际比较及与国际标准比较)很难克服比较对象的可比性问题。对消费率的合理区间的研究多是从经济运行经验和实证的角度进行探讨。尽管王涛在优化投资率的推导中运用了考伊克滞后模型,但过于简单;田卫民将消费与经济增长结合了起来,建立了消费内生经济增长模型,但只是将消费作为影响经济增长的一个因素,消费的内生性并没有真正体现。因此,对最优消费率和消费率合理区间问题有必要进一步深入探讨和研究。

第二节 最优消费率及合理消费区间的基本概念及思路

一 基本概念

消费率（Consumption Rate）：一个国家或地区在一定时期内的最终消费（用于居民个人消费和社会消费的总额）与当年 GDP 的比率。它反映了一个国家生产的产品用于最终消费的比重，是衡量国民经济中消费比重的重要指标。

最优消费率（Optimization of Consumption Rate）：按罗云毅的分类，应该有两种理解和含义。在理论上，最优消费率是实现资源最优配置、商品供求结构平衡、社会总供求平衡的消费率。在实际经济运行中，具有宏观调控意义的最优消费率是与经济增长速度及劳动力增长相适应的消费率。

消费率合理区间（Reasonable Range of Consumption Rate）：在纯理论意义上，任何对最优消费率的偏离都会导致资源配置效率下降，供求结构和总供求失衡，那么，消费率的合理区间就由经济体对偏离最优值的容忍程度来确定。在实际经济运行中，偏离最优消费率会导致通货紧缩或通货膨胀，消费率的合理区间应该是在最优消费率的基础上由经济体对通货膨胀或通货紧缩的容忍度来确定。

生产函数（Production Function）：在一定时期内，在技术水平不变的情况下，生产中所使用的各种生产要素的数量与所能生产的最大产量之间的关系。生产函数反映的是在既定技术条件下投入和产出的数量关系和经济运行的技术条件约束。常见的生产函数有固定

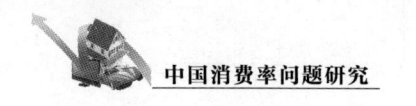

替代比例生产函数、固定投入比例生产函数、柯布－道格拉斯生产函数。

经济增长（Economic Growth）：通常是指宏观经济增长，即一国在一定时期内产品量和服务量的增加或一个国家在一定时期内人均产出（或人均收入）水平的波动增加。决定经济增长的直接因素是劳动投入量、资本投入量和生产率水平；拉动经济增长的三大要素是投资、出口和消费。经济增长可以增加一国的国民财富和就业机会。经济增长可以用现价 GDP 和不变价 GDP 表示，用现价计算的 GDP，可以反映一个国家或地区的经济发展规模，用不变价计算的 GDP 可以用来计算经济增长的速度。

经济增长率（Rate of Economic Growth）：一个国家或地区在一定时期内经济总量的增长速度，是衡量一个国家或地区总体经济实力增长速度的标志。经济增长率也称经济增长速度，它是反映一定时期经济发展水平变化程度的动态指标，也是反映一个国家经济是否具有活力的基本指标。以现行价格计算的增长率是名义经济增长率，以不变价格（即基期价格）计算得出的增长率是实际经济增长率。在量度经济增长时，一般都采用实际经济增长率。

二　确定最优消费率及消费率合理区间的思路

（一）确定最优消费率的思路

假定中国经济运行符合柯布－道格拉斯生产函数，以国民收入均衡理论为支撑，在估算 1992～2008 年国内历年资本存量的基础上，依据柯布－道格拉斯生产函数推算在经济增长目标一定、劳动参与率增加一定的条件下的资本存量增加率。然后，依据 1992～2008 年资本存量增加与实际资本形成增加的关系，确定理论资本形成增加额。在推算出理论资本形成增加的基础上，结合中国经济增长目标和劳动参与增长率，求出在既定增长目标条件下的最优投资率。最后根据推算出的最优投资率确定出最优消费率。

（二）确定合理消费率区间（净出口率）的思路

在封闭均衡条件下，总产出等于总消费加总投资，总消费支出与总供给在总量上相等。如果消费率偏低，说明总需求小于总供给，导致无效储蓄增加，经济将产生通货紧缩；如果消费率偏高，说明总需求大于总供给，导致负储蓄或者存在负债投资，经济将产生通货膨胀。一个经济体无论是对通货膨胀还是对通货紧缩都会有一定的容忍度或容忍界限，在容忍范围内社会居民能够接受，超出界限值居民将无法接受，就需要政府的调节干预。那么，在确定出理论最优消费率的基础上将通货膨胀或通货紧缩的阈值作为消费率变动的合理范围就是消费率的合理消费率区间。

在开放均衡条件下，国际收支不一定等于零，因而，总收入将偏离国内总投资和总消费。如果国内存在贸易顺差，国内总需求将大于国内总供给，不考虑储蓄调节因素，国内将产生通货膨胀，通货膨胀率等于净出口率；如果国内存在贸易逆差，国内总需求小于总供给，同样不考虑储蓄调节因素，国内将产生通货紧缩。经济体对通货膨胀或通货紧缩的容忍阈值就是消费率在理论最优消费率基础上的合理变化阈值，这样，可以求出合理消费率的区间范围，以及经济体对国际贸易失衡的变动幅度的容忍度。

第三节　最优消费率的公式推导及计算

一　最优消费率公式的推导

柯布－道格拉斯生产函数是引入了技术这一因素对一般生产函数形

式的改进,是经济学中使用最广泛的一种生产函数形式,它在数理经济学与经济计量学的研究与应用中都具有重要的地位。假定中国经济增长遵循柯布-道格拉斯生产函数关系,按生产函数关系配置生产要素能够实现要素的最优配置,实现当前技术条件下的产出最大化。

我们以柯布-道格拉斯函数为基础,推导在产出增长目标一定、劳动力参与率增加一定的条件下,所需要增加的符合要素最优配置的最优资本存量,求出最优投资率,进而推求出最优消费率。具体推导过程如下。

柯布-道格拉斯生产函数表达式为:

$$Y_t = A(t) \times K_t^\alpha \times L_t^\beta \times \mu \qquad (4-1)$$

在该式中,各变量含义如下。Y_t:t时期国内生产总值;A_t:t时期国内综合技术水平;L_t:t时期劳动参与人口数(万人);K_t:t时期支持产出Y_t的存量资本(亿元);α:资本产出的弹性系数;β:劳动力产出的弹性系数;μ:随机干扰项($\mu \leq 1$)。

$$\Delta Y_t = Y_t - Y_{t-1} = \mu A(t) K_t^\alpha L_t^\beta - \mu A(t-1) K_{t-1}^\alpha L_{t-1}^\beta \qquad (4-2)$$

综合技术水平在短期内不变,那么,$A(t) = A(t-1) = a$。

$$\Delta Y_t = \mu a (K_t^\alpha L_t^\beta - K_{t-1}^\alpha L_{t-1}^\beta) \qquad (4-3)$$

经济增长率设定为n,那么:

$$n = \frac{\Delta Y_t}{Y_{t-1}} = \frac{\mu a (K_t^\alpha L_t^\beta - K_{t-1}^\alpha L_{t-1}^\beta)}{\mu a K_{t-1}^\alpha L_{t-1}^\beta}$$

$$= \frac{K_t^\alpha L_t^\beta - K_{t-1}^\alpha L_{t-1}^\beta}{K_{t-1}^\alpha L_{t-1}^\beta} = (1 + \frac{\Delta K_t}{K_{t-1}})^\alpha (1+l)^\beta - 1 \qquad (4-4)$$

n:经济增长率;l:劳动参与增加率。

$$(1 + \frac{\Delta K_t}{K_{t-1}})^\alpha = \frac{n+1}{(1+l)^\beta}; \quad \Delta K_t = \left\{ \left[\frac{n+1}{(1+l)^\beta}\right]^{\frac{1}{\alpha}} - 1 \right\} K_{t-1} \qquad (4-5)$$

$$K_t' = \bar{a} \Delta K_t \qquad (4-6)$$

$K_t^{'}$：t 时期资本形成量；$\bar{a}$：t 时期资本形成与资本存量增加的经验系数。

$$i = \frac{K_t}{Y_t} = \frac{\bar{a}\Delta K_t}{Y_t} = \frac{\bar{a}\left\{\left[\frac{n+1}{(1+1)^\beta}\right]^{\frac{1}{\alpha}} - 1\right\}K_{t-1}}{YL} \qquad (4-7)$$

i 为 t 时期的最优投资率；

$$c = 1 - i - e \qquad (4-8)$$

e 为净出口率。

通过以上推导，得出最优投资率和最优消费率的表达式。依据合理消费率区间决定的思想，在最优消费率的基础上将社会对通货膨胀（通货紧缩）的容忍度作为最优消费率的浮动幅度，那么，最优消费率减去社会对通货紧缩的容忍度就是消费率合理区间的下限；最优消费率加上社会对通货膨胀的容忍度就是消费率合理区间的上限。用 p 表示通货膨胀（通货紧缩），那么，消费率合理区间表达成区间的形式为 $(c-p, c+p)$。可以看出，最优投资率（消费率）是由经济增长率、资本产出弹性和劳动产出弹性决定的，并受净出口率的影响；消费率合理区间是在最优消费率的基础上，将社会对通货膨胀（通货紧缩）的因素考虑进来，合理区间受社会对通货膨胀（通货紧缩）容忍度的影响。

二 消费率决定理论模型参数估计

（一）计算依据及数据采集方法

依据柯布－道格拉斯生产函数估算最优投资率（消费率）的关键是对中国的资本存量做较为准确的计算。在现有的统计资料中，中国目前还没有在同一年份同时对所有产业进行过普查，因而还没有最准确、权威的资本存量数据。我们也只能与其他学者一样采用估算值，但尽量

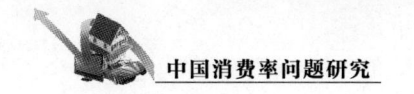

使估算最初的假设影响最小。

关于中国资本存量的估算，国内学者进行了广泛的研究，总体来看基本思路大体一致，基本分为三个步骤：第一是存量计算（利用各种方法推算某一年的资本存量）；第二是各年的流量计算（资本存量增加额的计算）；第三是在可比价格的前提下，在最初某年存量的基础上逐年累加各年流量数据，得到目标年份的资本存量。在资本存量估算研究中，张军扩（1991），贺菊煌（1992a），张军（2002），李治国和唐国兴（2003），何枫、陈荣和何林（2003）等人的估算结果在中国资本存量测算中具有代表性。由于研究时段的原因，张军扩和贺菊煌只给出1952～1990年的资本存量估算数据，张军在贺菊煌的基础上估算出1990～1998年的估算数据。何枫、陈荣和何林（2003）在2003年，依据国家统计局国民经济核算司出版的《中国国内生产总值核算历史资料：1952～1995》一书，综合张军扩与贺菊煌的估算方法，估算出1952～2001年中国历年资本存量的数据。我们经过比较，在本文资本存量估算中，在何枫、陈荣和何林研究的历年数据的基础上将数据补充完善到2008年，根据需要选择性地沿用他们的研究数据。

鉴于资本存量估算数据的价格基期是1990年，历年国内生产总值需要转化为1990年价格的数值，以保持数量的可比性和口径的统一性。依据1990年价格的国内生产总值，计算出各年度的增长率（n）。

在《中国统计年鉴》就业人员和职工工资的就业基本情况中关于劳动人口有经济活动人口和就业人员合计两项，依据统计说明，经济活动人口和就业人员的总计资料都是依据第五次全国人口普查推算出来的。在劳动人口数据采集时，根据生产函数中的劳动为有效劳动的含义，在劳动数据采集时依据1996～2009年的《中国统计年鉴》，采用统计指标中的就业人口作为有效劳动人口。由于1997年就业人员统计做了调整，依据1997年的调整，我们对1991年的就业人口做了相应的调整。在对1991年数据做出调整的基础上，计算出1992～2008年每年就业人员增长率作为有效劳动参与增长率。

估算年份跨度区间决定选择1992～2008年，有以下考虑：一是资本存量估算基期是1952年，40年的跨度基期的误差影响应该已经可以忽略；二是考虑与《中国统计年鉴》中劳动参与人口年份保持一致；三是估算参数样本空间所需数量的必要性。

(二) 数据处理过程

在对总产出数据处理时，依据《中国统计年鉴》（2009年）采集1991～2008年不变价国内生产总值。在采集的数据中，1991～2000年的数值自身就是1990年不变价计量的数值。2000～2005年的数值是按2000年的不变价价格计量的数值；2005～2008年是按2005年的不变价格计量的数值。这样，我们需要把2001～2008年分别以2000年不变价和2005年不变价计量的国内生产总值转换成以1990年不变价计量的国内生产总值。以1990年不变价计量的国内生产总值见表4-1。

表4-1　1991～2008年不变价（2000年）国内生产总值

单位：亿元

年份	1991	1992	1993	1994	1995	1996	1997
国内生产总值	20250.4	23134.2	26364.73	29813.42	33070.53	36380.4	39762.7
年份	1998	1999	2000	2001	2002	2003	2004
国内生产总值	42877.45	46144.64	50035.22	54188.31	59109.73	65035.7	71594.58
年份	2005	2006	2007	2008			
国内生产总值	79063.86	88272.14	99782.05	108762.4			

资料来源：根据《中国统计年鉴》（2009年）整理。

在对资本存量数据进行处理的过程中，我们沿用学者们前期以1990年价格为基准的方法，借鉴何枫、陈荣和何林估算的1991～2001年的资本存量数据，依据2001～2008年每年资本存量流量的增加（资本形成总额），经过指数平减调整，推算出 2001~2008 年的资本存量。这样，我们得到 1991~2008 年历年的资本存量数据。以 1990 年不变价计量的每年国内资本存量数据见表 4-2。

表 4-2 1991~2008 年不变价（2000 年）国内生产总值

单位：亿元

年份	1991	1992	1993	1994	1995	1996	1997
国内生产总值	20250.4	23134.2	26364.73	29813.42	33070.53	36380.4	39762.7
年份	1998	1999	2000	2001	2002	2003	2004
国内生产总值	42877.45	46144.64	50035.22	54188.31	59109.73	65035.7	71594.58
年份	2005	2006	2007	2008			
国内生产总值	79063.86	88272.14	99782.05	108762.4			

注：1991~2001 年的数据来自何枫、陈荣和何林的估算值。2002~2008 年的数据根据《中国统计年鉴》计算。

有效劳动人口以 1996~2008 年《中国统计年鉴》中的就业人员总计人口替代。鉴于 1997 年对就业人口统计做了调整，我们依据国家统计局 1997 年的调整，对 1991 年就业人口总数做出合理调整，其他年份的数据直接采用统计年鉴中的数据。这样，有效劳动人口情况具体见表 4-3。

表 4-3 1991~2008 年就业人口数据

单位：万人

年份	1991	1992	1993	1994	1995	1996	1997
就业人数	64638	65554	66373	67199	67947	68850	69600
年份	1998	1999	2000	2001	2002	2003	2004
就业人数	70637	71394	72085	73025	73740	74432	75200
年份	2005	2006	2007	2008			
就业人数	75825	76400	76990	77480			

资料来源：《中国统计年鉴》（1996~2009 年）。

(三) 参数估计

经过上述数据的采集、初步处理，计算出我们关注期间各年份的经济增长率、与经济增长率相对应的资本存量增长率和有效劳动增长率。然后，对柯布－道格拉斯函数方程两边取对数后，得到方程 $\ln Y = \alpha_0 + \alpha \ln K + \beta \ln L + \varepsilon$，$\alpha$ 和 β 分别表示资本和劳动的产出弹性，ε 表示随机扰动项。采用最小二乘法对方程进行回归，求出参数估计值结果（见表 4-4）。

表 4-4 参数估计值

项 目	参数值	标准差
资本	0.80	0.13 ***
劳动	1.73	1.12 **
常数项	-18.27	10.90 *
R^2	0.9963	—
F 统计量	2313.6	—

注：*** 表示在 1% 的水平上显著，** 表示在 10% 的水平上显著，* 表示在 15% 的水平上显著。

回归结果表明，资本产出弹性为 0.8，有效劳动产出弹性为 1.73，调整的 R^2 为 0.9963，表明方程整体拟合优度较好，同时各参数估计值也非常显著。这说明 20 世纪 90 年代以来，中国生产技术水平依然不高，单位资本产出能力不强，整体依然处于劳动力密集型发展阶段。

(四) 各年度最优消费率（最优投资率）的测算

在统一以 1990 年价格为基准，推导计算出所关注期间的经济增长率（n）、资本存量（K）、有效劳动参与增加率（l）和资本产出弹性系数及劳动产出弹性系数参数的基础上，将各参数代入上面推导的理论资本存量增加公式，推求各年度在技术条件一定、经济增长率已知、劳动参与率已知条件下的最优资本存量增加额。然后将关注期间最优资本存量增加额均值与实际资本形成均值比较,发现最优资本存量增加略小于资本形成增加均值,约为资本形成增加值的98%。因此,在资本存量增加向资本形成增加转化时,我们进行简化处理,将各年最优资本存量增加除以98%,以此作为各年度最优资本形成额,并据此计算出各年度的最优投资率。如果不考虑净出口,最优投资率与最优消费率的和等于1,那么,我们就可以得到最优消费率的数据。各年度最优投资率和最优消费率测算结果如表4-5所示。

表4-5 各年度最优消费(投资)率测算值

单位:%

年份	最优投资率	最优消费率 封闭	最优消费率 开放
1992	53.58	46.42	45.42
1993	55.57	44.43	46.27
1994	49.53	50.47	49.20
1995	40.41	59.59	58.01
1996	34.54	65.46	63.50
1997	33.76	66.24	61.89
1998	24.22	75.78	71.58
1999	27.28	72.72	69.94
2000	32.22	67.78	65.36
2001	28.71	71.29	69.16
2002	35.26	64.74	62.17
2003	39.91	60.09	57.90
2004	39.33	60.67	58.13
2005	42.91	57.09	51.68
2006	49.08	50.92	43.40
2007	54.55	45.45	36.56
2008	37.38	62.62	54.76

从表4-5可以推断,1992~2008年,在中国经济增长率均值保持在10.4%,就业人员(有效劳动)增长率均值保持在1.1%的条件下,

中国投资率（资本形成率）的最优值是39.9%，不考虑净出口因素的最优消费率是60.1%，考虑净出口因素的消费率为56.76%。这个结果与很多学者依据中国实际经济运行经验推测的最优消费率比较接近，反过来，我们也从理论上证明了中国学者的经验判断，论证了中国从20世纪90年代到2008年的最优投资率为40%左右，最优消费率为60%左右的观点。进一步假定该期间中国对通货膨胀（通货紧缩）的容忍度为3%，那么，该期间最优投资率区间为（36.9%，42.9%）。不考虑净出口的消费率合理区间为（57.1%，63.1%）；考虑净出口的消费率合理区间为（53.76%，59.76%）。消费率合理区间也与学者们经验推断的数据区间比较接近。

第四节　消费率决定理论模型实证分析

依据生产函数推导出来的最优消费率包括封闭（国际收支平衡）条件下的最优消费率和开放（国际收支不平衡）条件下的最优消费率。该消费率对于调整经济增长目标，进而采用宏观调控工具调整投资具有指导意义。因而，在最优消费率与实际消费率的比较中，需要分别对封闭条件下和开放条件下的最优消费率与实际消费率进行分析。

一　理论模型测算结果与实际值比较

将1992~2008年的测算的历年最优投资率和开放与封闭条件下的最优消费率数值分别与历史年度实际投资率和实际消费率数据进行比较。理论测算值最优投资率与实际投资率以及理论测算最优消费率及消费率合理区间与实际消费率的比较结果见表4-6。

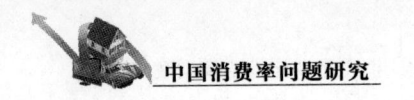

表 4-6 理论最优消费率测算值及实证比较

单位：%

年份	净出口率	投资率 实际	投资率 最优	投资率 实际-最优	实际	消费率 理论最优 封闭	消费率 理论最优 开放	消费率 实际-封闭	消费率 实际-开放
1992	0.99	36.59	53.58	-16.99	62.41	46.42	45.42	15.99	16.99
1993	-1.84	42.55	55.57	-13.02	59.29	44.43	46.27	14.85	13.02
1994	1.26	40.51	49.53	-9.03	58.23	50.47	49.20	7.76	9.03
1995	1.58	40.29	40.41	-0.12	58.13	59.59	58.01	-1.46	0.12
1996	1.97	38.81	34.54	4.28	59.22	65.46	63.50	-6.24	-4.28
1997	4.35	36.70	33.76	2.94	58.95	66.24	61.89	-7.28	-2.94
1998	4.19	36.19	24.22	11.96	59.62	75.78	71.58	-16.16	-11.96
1999	2.78	36.16	27.28	8.88	61.06	72.72	69.94	-11.67	-8.88
2000	2.42	35.28	32.22	3.07	62.30	67.78	65.36	-5.49	-3.07
2001	2.13	36.49	28.71	7.79	61.37	71.29	69.16	-9.92	-7.79
2002	2.57	37.86	35.26	2.60	59.57	64.74	62.17	-5.17	-2.60
2003	2.19	41.03	39.91	1.12	56.78	60.09	57.90	-3.31	-1.12
2004	2.54	43.15	39.33	3.83	54.30	60.67	58.13	-6.37	-3.83
2005	5.42	42.74	42.91	-0.17	51.84	57.09	51.68	-5.25	0.17
2006	7.51	42.59	49.08	-6.49	49.90	50.92	43.40	-1.02	6.49
2007	8.89	42.16	54.55	-12.39	48.95	45.45	36.56	3.51	12.39
2008	7.87	43.54	37.38	6.16	48.59	62.62	54.76	-14.03	-6.16
均值	3.34	39.57	39.90	0.33	57.09	60.10	56.76	-3.01	0.33

二　实证结果比较分析

（一）实际消费率与封闭最优消费率比较结果分析

如表4-6中消费率"实际-封闭"栏和投资率"实际-最优"栏所示：在封闭条件下，1992~1994年实际消费率大于理论消费率；与此相对应，实际投资率小于理论最优值。在此期间，经济增长率较高（均值13.8%），整体表现过热。消费品市场存在需求缺口，商品供给不足，价格上涨，消费者物价指数（Consumer Price Index，CPI）平均高达15.07%。资本市场也存在需求缺口，理论投资需求较高，实际投资资本供给不足，利率上调压力较大。1995年，经济增长率下调（10.9%），理论投资需求下降，消费率上升（至59.59%），实际消费率（58.10%）与理论消费率大致相等，经济过热降温。1996~2002年，经济增长放慢，特别是1998年和1999年，经济增长率降到8%以下。这一期间实际消费率小于理论消费率，1998年和1999年偏低都在10%以上，7年平均偏低8.83个百分点，实际消费需求疲软，商品供给过剩。资本市场上实际投资大于理论投资，实际投资中存在无效投资。2003~2006年，经济增长又恢复到10%以上，实际消费率相对于理论消费率依然偏低，但偏低的程度在下降，商品供给过剩开始缓解。2006年只偏低约1个百分点，4年平均偏低3.99个百分点，消费需求回升，消费品价格回调，CPI均值恢复到正值区间（2.1%）。2007年，实际消费率已经高出理论消费率3.55个百分点。尽管实际消费率在下滑，但消费需求已经大于供给，面临较大通货膨胀压力（CPI高达4.8%）。2008年经济增长急剧下滑，居民消费信心受挫，全年实际消费率小于理论消费率14.03个百分点；但受2007年的影响，通胀率依然高达5.9%；2008年下半年，消费需求严重不足导致消费品市场开始由通货膨胀转向通货紧缩。在资本市场上，2003~2005年，实际投资率与理论投资率比较接近；2006~2007年，实际投资率小于理论投资率，投资需求强劲但资本供给不足，资本市场再次出现需求缺口。2008年实际投资率大于理论投资率6.16个百分点，资本市场转向需求不足、供给过剩，实际投资中又出现大量无效投资。

（二）实际消费率与开放最优消费率比较结果分析

在中国实际经济运行中，净出口是客观存在的。净出口率在20世纪90年代初为1%左右，90年代末高达3%以上；特别是2005年以来，净出口率增速加快。2005~2008年，净出口率分别高达5.42%、7.51%、8.89%、7.87%，因而，将实际消费率与考虑净出口的最优值

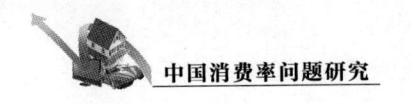

比较更具有现实意义。

如表4-6中消费率"实际-开放"栏和投资率"实际-最优"栏所示,在开放条件下,1992~1995年实际消费率大于理论最优值,其差额均值是13个百分点。在此期间,实际消费需求大于理论最优需求(供给),国内消费品供给不足,CPI高涨。资本市场与封闭条件下情况相同,国内经济整体过热。1995年实际消费率与最优值趋于一致,CPI由1994年的24.1%下降到17.1%,通货膨胀压力开始减小,到1996年再次大幅下降到8.3%,通胀压力快速释放。1996~2004年,实际消费率小于理论最优值,实际消费需求相对不足,消费商品供给过剩,市场长期存在通货紧缩压力,其间CPI均值仅为1.31%。2005年,实际消费率(51.8%)与理论最优值(51.68%)基本相等(偏高0.12个百分点),经济整体处于均衡状态,CPI为1.8%。2006年和2007年,伴随经济增长和净出口的进一步提高,消费品市场发生逆转,实际消费率与理论最优值的差额快速增大。2006年实际消费率偏高6.5个百分点;2007年提高到12.39个百分点,几乎达到20世纪90年代初的历史高点。实际消费需求与理论供给缺口放大,供给不足问题突出,消费品市场通货膨胀压力急剧增加。2008年,实际投资率大于理论最优值6.16个百分点,与此相对应,实际消费率小于理论最优值6.16个百分点,消费市场的通胀压力释放,但受2007年通货膨胀的影响,CPI依然高达5.9%,不过,2008年下半年CPI已经开始逆转。就近几年的情况看,2005~2007年实际消费率相对理论最优值已经偏高;这在理论上可以说明近几年存在通货膨胀压力的事实。可见,实际消费率与开放理论最优消费率的比较更具有实际意义。

(三)实际消费率与理论最优消费率的整体比较结果分析

如表4-6均值栏所示:1992~2008年,在中国经济增长率均值保持在10.4%、就业人员(有效劳动)增长率均值保持在1.1%的条件下，模型测算的投资率（资本形成率）均值是39.9%；不考虑净出口的消费率均值是60.1%，考虑净出口的消费率均值为56.76%。如果该期间对通货膨胀（通货紧缩）的容忍度为3%，那么，理论上最优投资率均值区间为（36.9%，42.9%）；不考虑净出口的消费率均值合理区间为（57.1%，63.1%），考虑净出口的消费率均值合理区间为（53.76%，59.76%）。理论模型测算值与国内学者依据实际经济运行经验估算的最优投资率（40%左右）和消费率（60%左右）比较接近，验证了学者们的经验和实证判断。

在整个考察期间内，实际投资率和消费率均值分别是39.57%和57.09%。实际投资率均值相对模型预测均值偏低0.33个百分点。实际消费率均值比不考虑净出口因素的理论最优消费率均值偏低3.01个百分点；比考虑净出口因素的理论最优消费率均值偏高0.33个百分点。比较分析的结论是：实际投资率均值相对模型测算均值略微偏低；实际消费率均值相对考虑净出口的模型测算均值略微偏高，但处在其合理区间内。这可以解释为什么10多年来中国扩大内需、促进消费的政策效果不明显并且面临通胀压力的现实。因此，模型测算值对实际经济运行具有较强的解释能力，可以用来对以后年份的消费率（投资率）数据进行估算和预测。

第五节　消费率决定理论模型应用

一　2009年和2010年理论值（区间）测算和实际值估算

（一）2009～2010年最优消费率测算

在假定技术条件不变的情况下，本章以2008年资本存量为基础，依据 2009~2010 年实际经济运行和劳动力增长情况，对经济增长率分别取 9.2%、10.3%；有效劳动增长率分别取 0.63%、0.62%。将取值代入最优资本存量增长公式，求得这两年最优投资率分别为 39.01% 和 44.47%。不考虑净出口的最优消费率分别是 60.99% 和 55.53%。依据现有进出口数据，推算出 2009 年和 2010 年净出口率分别为 3.9% 和 3.3%，考虑净出口的最优消费率分别为 57.06% 和 52.22%。测算结果见表 4-7。

表 4-7 2009 年和 2010 年最优投资率和消费率

单位：%

年份	增长率	最优投资率	最优消费率（封闭）	最优消费率（开放）
2009	9.2	39.01	60.99	57.06
2010	10.3	44.47	55.53	52.22

实际消费率如果小于考虑净出口的最优消费率，国内消费市场将存在通货紧缩压力；如果大于最优消费率，将存在通货膨胀压力。从实际经济运行看，2009 年实际消费率小于最优消费率的可能性非常大，因此，2009 年通货紧缩不可避免。2010 年实际消费率大于最优消费率的概率较大，因而，2010 年通货膨胀压力较大。

(二) 2009~2010 年消费率合理区间测算

进一步假定 2009 年和 2010 年中国对通货膨胀（通货紧缩）的容忍度均为 3%，那么依据测算的最优消费率，分别求出 2009 年和 2010 年不考虑净出口和考虑净出口的消费率合理区间。不考虑净出口时，2009 年和 2010 年消费率合理区间分别是（57.99%，63.99%）和（52.53%，58.53%）。考虑净出口时，2009 年和 2010 年消费率合理区间分别是（54.06%，60.06%）和（49.22%，55.22%）。2009 年和 2010 年消费率合理区间见表 4-8。

表 4-8　2009 年和 2010 年消费率合理区间

单位：%

年份	增长率	最优投资率	消费率合理区间	
			不考虑净出口	考虑净出口
2009	9.2	39.01	(57.99,63.99)	(54.06,60.06)
2010	10.3	44.47	(52.53,58.53)	(49.22,55.22)

2009 年实际消费率很可能已经偏离消费率合理区间的下限，相对理论最优消费率偏离程度较大，因而，通货紧缩压力较大。2010 年实际消费率可能处于考虑净出口的消费率合理区间的上限区间内，2010 年通货膨胀压力不小。

（三）2009~2010 年实际消费率估算

依据 1992~2008 年最优消费率、通货膨胀率和实际消费率的历史数据，利用 2009 年和 2010 年的实际通货膨胀率（-0.7% 和 3.3%）及测算出的最优消费率数据。具体估算结果见表 4-9。

表 4-9　2009 年和 2010 年实际消费率估算值

单位：%

年份	增长率	最优投资率	最优消费率	实际消费率	实际投资率
2009	9.2	39.01	57.06	49.32	50.68
2010	10.3	44.47	52.22	50.53	49.47

估算 2009 年实际消费率时，重点参考 1998 年的数据，估算值为 49.32%。对于 2010 年实际消费率，依据历史实际消费率与最优消费率的差额与通货膨胀的关系估算为 50.53%。进而推算出实际投资率在 2009 年是 50.68%，2010 年是 49.47%，2009 年和 2010 年估算出的实际投资率都达到历史高位。

（四）实际消费率测（估）算值与理论最优消费率的比较分析

依据 1992~2008 年最优消费率、通货膨胀率和实际消费率的历史数据，利用 2009 年和 2010 年的实际通货膨胀率（-0.7% 和 3.3%）及测算出的最优消费率数据，估算 2009~2010 年实际消费率和投资率。重点参考 1998 年的数据估算 2009 年实际消费率是 49.32%。依据历史数据关系估算 2010 年实际消费率是 50.53%，进而推算实际投资率估算值分别是 50.68% 和 49.47%。2009~2010 年消费率和投资率理论测算值和实际测（估）算值的综合比较分析结果见表 4-10。

表 4-10 2009 年和 2010 年最优投资率和消费率

单位：%

年份	增长率	最优投资率	最优消费率 封闭	最优消费率 开放	消费率合理区间 封闭	消费率合理区间 开放	实际估算值 投资	实际估算值 消费
2009	9.20	39.01	60.99	57.06	(57.99,63.99)	(54.06,60.06)	50.68	49.32
2010	10.30	44.47	55.53	52.22	(52.53,58.53)	(49.22,55.22)	49.47	50.53

通过比较可以发现，2009 年在经济增长率为 9.2% 的情况下，实际消费率估算值低于理论消费率预测值 7.74 个百分点，已经偏离合理区间的下限 4.74 个百分点。这说明国内实际消费需求严重不足，消费品市场面临较重的通货紧缩的压力。同时，实际投资率估算值大于理论最优投资率 11.67 个百分点；资本市场投资资本供给过剩，有效投资需求不足，实际无效投资激增。2010 年，实际消费率估算值小于理论最优消费率 1.7 个百分点，主要是因为理论消费率随着经济增长加快而大幅下降，实际消费率在促进消费政策的刺激下保持了相对稳定。2010 年在理论消费率大幅下降和实际消费率保持基本稳定的共同作用下，消费品市场呈现供给相对不足导致的较大的通货膨胀压力。

随着经济的复苏，资本市场上实际投资保持在高位状态，理论投资需求也相应提高，但依然小于实际投资；实际投资率估算值大于理论测算值 5 个百分点，实际有效投资乏力，投资资本供给过剩，在实际投资中依然存在大量无效投资。以上比较分析表明，2009年和2010年中国经济的复苏是高投资（包括一定比例的无效投资）启动的复苏，实际投资都已经达到历史高位。尽管实际消费需求开始启动，但2010年实际消费率已经非常接近最优消费率，提升的空间并不大，如果继续采用，"扩大内需，促进消费"的政策可能会导致内部通货膨胀压力加大的困境。

二 2011年最优消费率及合理区间预测

假定2009年9.2%的增长率和2010年10.3%的增长率都能够实现，净出口率（3.9%和3.3%）和通胀率（-0.7%和3.3%）预测取值基本准确的情况下，经过2009年和2010年的调整，中国实际消费率在2010年将达到50.53%。假定2011年中国有效劳动人口增长率为0.61%，净出口率为3%，在此基础上，测算2011年在不同经济增长水平下中国的最优消费率和投资率，见表4-11中最优消费率测算值栏。

表4-11 2011年最优消费率（投资率）和消费率合理区间测算

单位：%

经济增长率	最优投资率	最优消费率测算值		消费率合理区间测算值			
		最优消费率		封闭		开放	
		封闭	开放	下限	上限	下限	上限
11.0	47.68	52.32	49.32	48.32	56.32	45.32	53.32
10.8	46.79	53.21	50.21	49.21	57.21	46.21	54.21
10.5	45.46	54.54	51.54	50.54	58.54	47.54	55.54
10.0	43.22	56.78	53.78	52.78	60.78	49.78	57.78
9.75	42.09	57.91	54.91	53.91	61.91	50.91	58.91
9.5	40.96	59.04	56.04	55.04	63.04	52.04	60.04
9.0	38.69	61.31	58.31	57.31	65.31	54.31	62.31
8.75	37.55	62.45	59.45	58.45	66.45	55.45	63.45
8.5	36.40	63.60	60.60	59.60	67.60	56.60	64.60
8.0	34.09	65.91	62.91	61.91	69.91	58.91	66.91
7.5	31.77	68.23	65.23	64.23	72.23	61.23	69.23
7.0	29.42	70.58	67.58	66.58	74.58	63.58	71.58

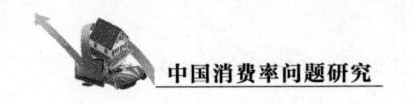

从表 4-11 最优消费率测算值栏中经济增长和消费率的变动关系看，随着经济增长率的下调，最优投资率数值在下降，最优消费率数值在上升。2011 年如果要实现逐步提高消费率的政策目标，那么，10.8% 的增长率应该是经济增长的上限。经济增长一旦达到 10.8%，最优投资率是 46.79%；考虑和不考虑净出口的最优消费率分别是 50.21% 和 53.21%，消费率在理论上已经不存在提高的可能性。

进一步假定 2011 年中国对通货膨胀的容忍度提高到 4%，在以上测算最优消费率的基础上，用通货膨胀率对最优消费率进行调整，就可以得到不同经济发展速度水平下消费率的理论合理区间测算结果，见表 4-11 中消费率合理区间测算值栏。

通过表 4-11 最优消费率测算值栏和消费率合理区间栏的测算值数据关系可以看出，在假定净出口为 3% 和对通货膨胀容忍度为 4% 的条件下，如果经济增长率是 9.5%，中国消费率的合理区间是（52.04%，60.04%）。经济增长率提高到 10% 时，消费率合理区间下降为（49.78%，57.78%）；降低到 9% 时，消费率合理区间提高到（54.31%，62.31%）。因此，测算数据显示，2011 年中国经济增长目标为 9%～10% 比较合适，9.5% 是理想状态，符合中国扩大内需、稳步提高消费率的政策导向目标。

三 "十二五"时期最优消费率及其合理区间测算

（一）"十二五"时期最优消费率测算

测算"十二五"时期的最优消费率时，首先，需要假定相对"十一五"时期生产技术水平没有发生较大的变化，也就是生产函数条件没有改变。其次，需要对中国"十二五"期间有效劳动增长率做出假设，本节假定"十二五"期间有效劳动增长率均值为 0.58%。然后，假定"十二五"期间净出口率均值为 2.5%。

在以上假定条件下，依据"十一五"期末的资本存量均值，将各项参数代入资本存量增量计算公式，求出"十二五"时期不同经济增长率水平下相对"十一五"期末资本存量的增量。据此测算出"十二五"时期不同经济增长水平下的最优消费率和投资率（见表4-12）。

表4-12 "十二五"时期不同经济增长率对应的最优消费率

单位：%

经济增长率	理论投资率	理论消费率 封闭	理论消费率 开放
7.5	31.69	68.31	65.81
8.0	33.99	66.01	63.51
8.5	36.27	63.73	61.23
8.75	37.40	62.60	60.10
9.0	38.08	61.92	59.42
9.25	39.66	60.34	57.84
9.5	40.78	59.22	56.72
9.75	41.90	58.10	55.60
10.0	43.01	56.99	54.49
10.25	44.12	55.88	53.38
10.5	45.22	54.78	52.28
11.0	47.41	52.59	50.09
11.5	49.59	50.41	47.91

表4-12中的测算数据显示，"十二五"期间中国经济增长率均值一旦超过10.5%，扩大内需、促进消费、提高消费率的政策在理论上就已经没有实现的可能。因此，10.5%应该是提高消费率目标实现的经济增长上限。如果政府对经济增长率的容忍下限是8%，那么，"十二五"时期经济增长目标的最优均值应该是9.25%；窄幅浮动区间为(8.75%，9.75%)，宽幅浮动区间应该是(8.25%，10.25%)，可接受浮动区间是(8%，10.5%)。经济增长目标为最优值时，最优消费率数值是57.84%。最优消费率的窄幅浮动区间是(55.6%，60.1%)，

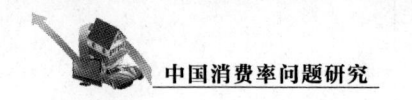

宽幅浮动区间是（53.38%，62.37%），可接受区间是（52.28%，63.51%）。如果以消费率提高到55%~60%为调控目标，那么经济增长率应控制在窄幅浮动区间内。

（二）"十二五"时期消费率合理区间测算

在假定"十二五"期间，中国对通货膨胀（通货紧缩）率的容忍度为4%的条件下，依据已经测算出的不同发展速度水平下的最优消费率均值数，求出不同经济增长水平下的消费率合理区间。"十二五"期间不同经济增长率均值水平下消费率合理区间见表4-13。

表4-13 "十二五"时期不同增长率对应的合理消费率区间

单位：%

经济增长率	理论最优消费率		封闭消费率合理区间		开放消费率合理区间	
	封闭	开放	下限	上限	下限	上限
7.0	70.63	68.13	66.63	74.63	64.13	72.13
7.5	68.31	65.81	64.31	72.31	61.81	69.81
8.0	66.01	63.51	62.01	70.01	59.51	67.51
8.5	63.73	61.23	59.42	59.73	67.73	57.23
9.0	61.92	57.92	65.92	55.42	63.42	65.23
9.25	60.34	57.84	56.34	64.34	53.84	61.84
9.5	59.22	56.72	55.22	63.22	52.72	60.72
10.0	56.99	54.49	52.99	60.99	50.49	58.49
10.5	54.78	52.28	50.78	58.78	48.28	56.28
11.0	52.59	50.09	48.59	56.59	46.09	54.09
11.5	50.41	47.91	46.41	54.41	43.91	51.91

表4-13中的测算数据显示，在净出口率为2.5%、对通货膨胀率容忍度为4%的条件下，当"十二五"时期经济增长率均值为最优值9.25%时，最优投资率均值是39.66%，最优消费率均值是57.84%，消费率均值合理区间为（53.84%，61.84%）。实际消费率均值在此区间内都是合理的消费率，实际投资和消费结构处于合理状态，不需要政

府干预。一旦实际消费率超出该区间的下限或上限，实际消费率就处于偏低或偏高状态，需要进一步研究偏离的原因，出台相应政策，抑制消费下滑引起的通货紧缩或消费扩张导致的通货膨胀，控制经济波动，保持经济波动稳定增长的态势。

四 "十三五"时期最优消费（投资）率预测

在假定"十三五"期间生产技术条件相对"十一五"时期不变和"十二五"时期经济增长率均值到达最优值9.25%的基础上，假设在"十三五"时期有效劳动力增长均值下降到0.35%，净出口率下降到1.2%的条件下，对"十三五"时期不同经济增长水平下的最优投资率和消费率进行测算。测算结果见表4-14。

表4-14 "十三五"时期不同经济增长率对应的最优消费率

单位：%

经济增长率	理论投资率	理论消费率	
		封闭	开放
4.5	22.34	77.66	76.46
5.0	25.10	74.90	73.70
5.5	27.84	72.16	70.96
6.0	30.56	69.44	68.24
6.5	33.26	66.74	65.54
7.0	35.93	64.07	62.87
7.5	38.58	61.42	60.22
8.0	41.21	58.79	57.59
9.0	46.41	53.59	52.39
9.5	48.98	51.02	49.82

在以上测算的基础上，计算出"八五"时期到"十一五"时期的实际投资率和消费率均值以及在考虑和不考虑净出口条件下的理论消费

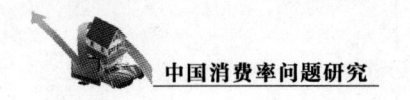

率均值与"十二五"期间经济达到最优增长率（9.25%）、净出口为1.2%和通货膨胀率容忍度为4%条件下的理论最优投资率和消费率理论均值。具体见表4-15。

表4-15　不同时期实际值与理论值比较

项目	"八五"时期 实际值	"八五"时期 理论值 封闭	"八五"时期 理论值 开放	"九五"时期 实际值	"九五"时期 理论值 封闭	"九五"时期 理论值 开放	"十五"时期 实际值	"十五"时期 理论值 封闭	"十五"时期 理论值 开放	"十一五"时期 实际值	"十一五"时期 理论值 封闭	"十一五"时期 理论值 开放	"十二五"时期 实际值	"十二五"时期 理论值 封闭	"十二五"时期 理论值 开放
消费率	60.1	53.8	52.5	60.2	69.6	66.5	56.8	62.8	59.81	49.4	54.7	48.4	—	60.34	57.84
投资率	38.96	46.19		36.64	30.40		40.26	37.22		45.01	45.35		—	39.66	

从表4-15中可以看出，"八五"时期，实际投资率均值小于理论值均值，存量资本处于超负荷运转状态，理论投资需求较大，但实际投资资本供给不足。实际消费率均值大于理论消费率均值，实际需求旺盛，但消费品供应不足，其间通货膨胀压力和投资资金供给压力都较大，国内经济整体过热。

"九五"时期，实际投资率均值大于理论均值（6.24个百分点），投资资本实际供给大于理论需求（3.6个百分点），在此期间，国内存在过度投资或无效投资。实际消费均值小于理论值（6.3个百分点），国内消费品供给过剩，国内面临通货紧缩的压力。

"十五"时期，实际投资率均值高于理论值（3.04个百分点），实际投资资本供给依然大于理论需求值，国内依然存在无效投资或过剩投资。实际消费率均值小于理论值（约3个百分点），国内消费品供给过剩，实际需求不足，存在通货紧缩压力。

"十一五"期间实际投资率均值与理论值基本相等，资本市场处于均衡状态，但实际消费率均值略大于理论消费率均值（约1个百分点），国内市场消费品供给不足，存在通货膨胀压力。

"十二五"时期，由于实际均值预测涉及的变量很多，时间跨度较长，很难准确预测，因此，表中只给出了最优增长率时投资率和消费率的理论均值。如果"十二五"期间对通货膨胀（通货紧缩）的容忍度为4%，那么，合理消费率区间就是（53.84%，62.84%）。实际消费率只要在该区间内都属于合理的范畴，不需要政府政策干预调整。如果实际值偏离该区间的下限或上限，就需要研究偏离的成因，制定出台相应的对策措施，避免经济波动失衡。

本章结论和启示

本章依据柯布－道格拉斯方程推导出的消费率决定理论模型是内生决定模型。与凯恩斯的消费者需求理论模型不同，该模型基于经济运行系统，从生产决定系统和经济增长角度在理论上揭示了消费率的决定机理。该模型显示出消费率与生产技术水平密切相关；并揭示出了在生产技术水平一定的条件下，消费率与经济增长率、资本存量、有效劳动力增长率、净出口和通货膨胀的决定和影响关系。因此，依据该模型测算出的给定技术水平下的理论消费率是最优消费率，是消费率合理区间确定的基础和判定实际消费率高低的基准。通过上文的测算和比较分析，得到以下结论和启示。

一 分析结论

（一）生产技术水平是影响理论消费率的核心因素

生产技术是生产要素配置组合的体现。生产技术水平的提高可以提升单位生产要素的产出能力和产出弹性，在投入要素不变的条件下提高总产出能力或者在保持总产出不变的条件下降低要素投入量。既然生产

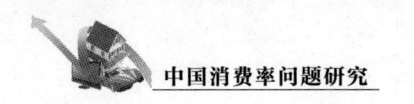

技术是决定总产出和投入的关键因素，那么，它也是影响消费率的核心因素。如果技术的进步在满足产出增长要求的同时能保持投入不变或减少，那么，技术进步就会促进消费率的提高；反之，提高消费率就只能以牺牲经济增长为代价。

（二）理论消费率和实际消费率的决定机理不同

理论消费率由生产函数内生决定，是整个经济体系运行过程中，由生产函数决定的与经济增长、劳动力增长需要相一致的最优消费率。实际消费率由消费个体决策组合和经济增长率决定，是由社会经济个体组合在一定的制度约束下，依据实际收入、消费意愿和消费习惯等决定的最优消费率。

（三）理论消费率波动较大，实际消费率相对稳定

通过比较可以发现实际消费率具有相对稳定性，而理论消费率波动性较大。在生产技术水平一定的条件下，理论消费率与经济发展速度密切相关，经济发展速度越快，理论消费越低；反之，则越高。在对消费率的考察中，由于理论消费率波动较大，实际消费率相对稳定，并且决定机理不同，二者经常发生偏离。

（四）判定实际消费率高低的基础是理论最优值

每一个国家或经济体的消费率都是由其自身发展的技术水平、资本存量和有效劳动力及其追求的发展目标和发展速度共同决定的。不同的国家决定因素差异很大，通过消费率的国际比较判定消费率的高低，很难得出正确的结论。目前，主流学者采用国际比较的方法得出中国消费率偏低的结论也不断受到其他学者的质疑。因而，对中国消费率偏低、一直偏低的观点一直存在争议。笔者认为，判定消费率的高低或偏离与否的基准是以自身发展技术水平、发展速度决定的理论消费率及理论合理消费率区间。将实际消费率与自身的理论消费率比较，看是否偏离理

论消费率以及是否在消费率的合理区间内，进而得出消费率是否偏低的结论。

（五）"八五"时期到"十一五"时期中国消费率基本合理

"八五"时期到"十一五"时期中国实际消费率波动下降，其均值与理论消费率均值差别不大，略微偏高（0.33个百分点），但在消费率合理区间内。这说明在此期间，实际消费率是合理的消费率，是与中国经济发展的技术水平和劳动力增长以及经济增长要求相一致的消费率。学术界关于消费率偏低的主流观点很可能是一种误判。在误判的指导下出台的扩大消费的政策，效果不明显是必然的结果。在理论上实际消费率已经没有提高的空间，所以扩大消费政策的副作用就是加大国内通货膨胀的压力。

二 分析结论启示

依据理论消费率和实际消费率的决定机理及影响因素，政府针对消费率的调控应该有三种方式。

（一）坚持鼓励技术创新，提升生产技术水平

通过技术创新提升单位劳动和资本的产出能力，提升整体生产技术水平，促使经济增长路径由依赖高投入、高产出、低消费向低投入、高产出、高消费转变。这是技术导向型调控政策，是能够实现保持经济快速增长的同时提高消费率的最优路径选择。

（二）以理论消费率为基准，调控实际消费率

依据现有的经济发展技术条件和经济发展目标确定理论最优消费率，然后，根据实际消费率偏离的方向和程度制定相应的制度和出台相应刺激或抑制消费意愿的政策，促使实际消费率向理论消费率靠近，实现经济发展目标。这是经济发展目标导向的调控政策路径。

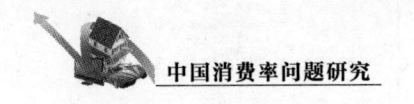

（三）以实际消费支出能力为基准，调控经济发展速度

以国民的实际收入水平、消费意愿和消费习惯等决定的实际消费支出能力为基础，在现有的发展制度框架下，通过调控经济发展速度来调整理论消费率，使理论值接近居民实际消费能力和消费意愿决定的实际值，保持经济发展的稳定波动能力。这是实际消费导向型的政策调控路径。

在以上三种调控方式中，第一种是技术路径，属于间接调控的范畴，应该是国家的中长期发展战略。第二种和第三种是生产技术水平一定条件下的管理目标调控路径，属于直接政策调控的范畴。二者又具有根本性的区别：第二种是以经济增长目标为导向，通过制度的改革来调控国民的消费能力、消费意愿和消费习惯；第三种是以现有制度框架为基础，通过调整经济增长目标来调节理论消费能力，使理论值与实际值保持一致。国民实际消费意愿和习惯具有很强的惯性，通过政策调整短期内也难以实现，因而第二种应属于政府调控消费率的中期策略。政府通过宏观政策的调整来调控经济发展速度在短期内就可以实现，因而，第三种属于短期调控路径，更具有实际可行性和政策的可操作性。

第五章　中国消费率波动下降的成因分析

第一节　中国消费率波动下降问题

一　中国消费率波动下降问题产生的背景

20世纪90年代末,亚洲金融危机使中国的经济发展受到外需急剧下滑的冲击。为了缓解外需下降的压力,内部市场和内需成为学术界和政府高度关注的焦点,"扩大内需"成为国内政策的着力点。在扩大内需政策的促进下,中国经济很快恢复了快速增长态势,特别是2000年以来,经济实现了高速波动增长,2003~2007年经济增长率都在2位数以上,2007年高达13.3%。

在经济实现高速增长的同时,消费率却在波动下降,由2000年的62.3%下降到2007年的49%,到2008年,在国际金融风暴的冲击下,进一步下降到48.6%。伴随消费率下降的不是通货紧缩,相反却是消费者物价指数(CPI)不断攀升,通胀压力不断加大。2007年CPI已高达4.8%,2008年伴随经济增长的回落和消费率的进一步下降,CPI却高达5.9%。2009年和2010年,在应对国际金融危机一系列刺激政策的推动下，保住了经济高速增长的态势。2009年经济增长率恢复到9.2%，消费者物价指数急剧下降到-0.7%；2010年经济增速高达10.3%，消费者物价指数为3.3%，通货膨胀压力加大。2000年以来，中国消费率、经济增长率及CPI的变化情况见表5-1。

表5-1 中国经济基本情况数据

年份	2000	2001	2002	2003	2004	2005	2006	2007	2008	2009	2010
增长率	8.55	8.06	9.55	10.64	10.41	11.16	11.80	13.30	8.90	9.2	10.3
消费率	62.3	61.4	59.6	56.8	54.3	51.8	49.9	49.0	48.6	—	—
CPI	0.4	0.7	-0.8	1.2	3.9	1.8	1.5	4.8	5.9	-0.7	3.3

资料来源：根据《中国统计年鉴》和国家统计局公告整理。

从表5-1中可以看出，2000年以来，中国经济在保持高速增长的同时，消费率却连年下降，消费者物价指数不断攀升，面临通货膨胀的压力。中国经济整体呈现复杂的局面，面对消费率下降和内部通胀压力加大同时存在的困境，中国消费率问题成为学界研究的热点和政府关注的重点问题。学术界针对改革开放以来中国消费率波动下降，不断打破历史低位的现实，出于对消费率偏低可能阻碍经济稳定增长、影响国民经济增长质量和社会稳定的担忧，对中国消费率问题进行了大量的研究和探讨。主流学者的基本观点是中国"消费率偏低，投资率偏高"；据此提出的对策建议主要是"提高消费率，降低投资率"。在此期间，政府也基本认可对消费率偏低的判断和接受提高消费率的对策建议，出台了一系列扩大内需、促进消费、提高消费率的政策。但扩大内需政策提出10多年来，中国消费率非但没有提高，反而依然呈下降趋势，政策效果不明显。中国消费率问题在经济理论界似乎成为一个难解之谜，政策上也面临调节的困境。那么，消费率偏低的观点是否准确，该如何理解中国的消费率问题？

二 中国消费率问题的主流观点和研究方法简析

中国消费率的问题引起众多经济学者的研究和关注,当前学者的主流观点是消费率偏低。下面笔者就中国消费率偏低的观点进行简要回顾和评述。

(一) 中国消费率偏低观点的提出

在1997年亚洲金融危机的冲击下,为了应对外需急剧下滑、经济紧缩的困境,国家首次在1998年提出扩大内需的调整政策。在扩大内需的政策背景下,消费率问题第一次成为经济领域研究的热点。学者们通过纵向的历史数据比较,发现当时中国消费率已经处于历史的最低点;通过与国际标准比较和与不同发展水平的国家比较,发现中国的消费率均偏低。据此,提出中国"消费率偏低"的观点。还有部分学者通过消费率与投资率的比较分析,得出"消费率偏低,投资率偏高"的结论。其后,特别是近几年,研究消费率问题文献激增,但多是采用类似的方法得出"消费率偏低"的结论;也有部分学者从其他角度(储蓄、投资)进行研究,但结论受主流观点和思维惯性的影响,也是得出或论证了类似的结论。目前,国内主流学者对中国消费率偏低的观点已基本达成共识,建议政府推出"扩大内需,刺激消费"政策的观点也基本一致。

(二) 中国消费率偏低观点的论证方法分析

截至目前,论证中国消费率偏低观点的主要方法是比较法,包括横向比较、纵向比较和标准比较。横向比较是对相同时点不同空间同时存在的事物进行比较;纵向比较是对同一事物不同时点的状态进行比较;标准比较是将特定事物与设定或公认的标准进行比较。通过比较可以发现比较对象之间的差异和可能存在的问题。不过,比较法应用的前提条

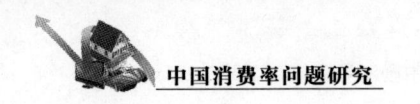

件是比较对象和参照对象之间要具有相似性和可比性,这样,比较得出的结论才具有参考价值和借鉴意义。在经济学研究领域,学者们在研究中国消费率的问题时最常用的方法就是比较法。

采用比较法论证中国消费率偏低观点时,学者们通过纵向比较和与国际标准比较、发达国家比较、发展中国家比较以及发展水平类似的国家比较来克服可比性问题,但比较对象的相似性问题没有解决,例如,比较对象的发展速度、人口结构、有效劳动人口增长、生产技术水平等指标的差异性。考虑决定经济实际运行的更多指标后,比较分析的结果准确性会提高,借鉴价值会更大,但比较分析的难度会加大。因此,多数学者在进行比较时一般都是只比较一个消费率指标,这样会降低比较分析的难度,但结论的可信度也相应下降。为了增强比较分析的可信度,部分学者在比较消费率的同时,还对投资率做了比较。通过论证中国投资率偏高来印证消费率偏低。其实,在宏观经济统计指标结构中,消费率和投资率是对偶关系,其和大致等于1,也就是说,消费率偏低和投资率偏高是同一经济问题的两个方面。用投资率偏高论证消费率偏低,是用问题的一个方面解释另一个方面,与同义词解释相似,实际意义不大。

(三) 中国消费率偏低观点存在的问题简析

依据中国"消费率偏低,投资率偏高"的观点,我国从20世纪90年代末开始出台扩大内需的政策措施,但十多年来中国实际经济运行结果表明,扩大内需的政策非但没有抑制住消费率的下降,反而导致通货膨胀压力不断加大。如果消费率偏低是内部有效需求不足、供给过剩导致的,那么,在国家扩大内需、促进消费政策的推动下,消费率会停止下降甚至有所回升,并且不应该引起通货膨胀。这说明中国的实际消费率很可能是与经济结构相一致的均衡消费率,不存在简单的偏低或偏高问题。依据内需不足、消费率偏低出台的刺激消费的政策无法实现提高消费率的目的,并且存在明显的通货膨胀负效应。

第五章 ◯ 中国消费率波动下降的成因分析

三 分析结论

经济系统是一个复杂的系统，消费率只是具体经济结构的一个重要宏观指标。每一个经济体的消费率指标都是由各自自身独特的经济结构决定的。在经济结构存在差异的情况下，对单个经济指标进行比较很难得出具有借鉴价值的结论。因此，论证中国消费率偏低的观点时，采用比较法仅通过消费率指标的比较得出中国"消费率偏低"的结论需要谨慎对待。将经济增长率、生产技术水平和劳动力等因素综合考虑后进行比较得出的结论也许会有较强的说服力和借鉴价值，因此，目前关于中国消费率偏低的主流观点可能不够严谨，在此基础上提出的政策建议，政府也需要谨慎对待。在消费率偏低观点论证方法不完善的情况下，中国消费率波动下降的事实可能更有研究的意义和价值。

第二节 中国消费率波动下降现状及特征

中国的消费率问题与其说是偏低问题，倒不如说是持续波动下降更为严谨，因此，研究偏低的成因不如研究其波动下降的成因，在此基础上提出抑制或扭转消费率下降的对策和建议或许更有意义。

一 中国消费率持续波动下降现状分析

通过对改革开放以来中国消费率变化的考察分析，可以发现，中国消费率的变动已经经历了两个完整的非对称变动周期，第一个周期是 1978～1995 年，第二个周期是 1995～2008 年。在第一个周期，消费率经过 1978～1981 年的短期上升后进入 1981～1995 年的波动下降期。消费率先由 1978 年的 62.1% 上升到 1981 年的 67.1%，然后波动下降到

103

1995年的58.1%。在此期间,最大值与最小值相差9个百分点。在第二个周期,消费率由1995年的58.1%上升到2000年62.3%,然后逐年波动下降,到2008年降到48.6%的历史低点,最大值与最小值相差13.7个百分点。整体来看,中国消费率呈波动下降态势,其周期变化见图5-1。

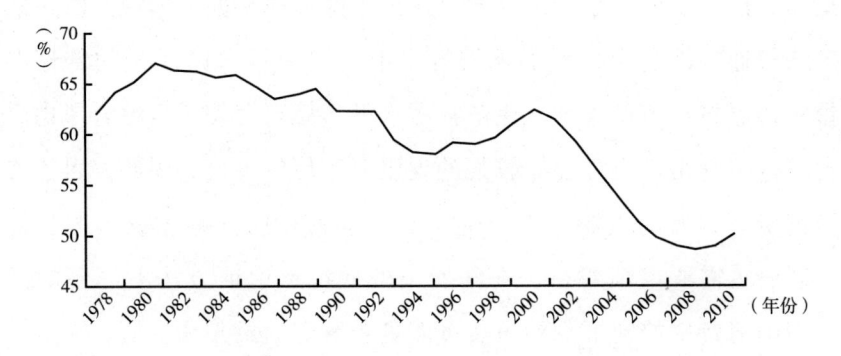

图5-1 1978~2010年中国消费率波动变化

从消费率非对称变动周期的角度看,中国消费率的下降表现为非对称周期内下降和周期间下降。非对称周期内下降是指在单个非对称变化周期内,上升时间短,上升幅度小;下降时间长,下降幅度大;上升期均值大于下降期均值。中国的消费率在经历第一个非对称变动周期时,经过4年的短期上升达到最大值67.1%,然后,经历14年的下降达到最小值58.1%。整个周期均值是63.5%,上升期均值是64.78%,下降期均值是63.18%,均值下降1.6个百分点;最大升幅是3.6个百分点,平均上升1.28个百分点,最大降幅是5.43个百分点,平均下降0.35个百分点。可见,无论是最大值波动还是均值波动比较,消费率在第一变化周期内都显示出波动下降的特征。在经历第二个非对称变动周期时,消费率经过5年的上升期达到最大值62.3%,然后进入8年波动下降期,到2008年下降到48.6%。整个周期均值是55.64%,上升期均值是 59.88%，下降期均值是 53.93%，均值下降 5.95 个百分点；最大升幅是 6.66 个百分点，平均上升 4.24 个百分点，最大降幅是 7.04 个百分点，平均下降 1.71 个百分点。中国消费率在第二个非对称变动周期内依然呈下降态势，并且降速相对第一个周期加快。

周期间的下降是后一周期相对前一周期的最大值、最小值、均值都下降的情况，也就是后一周期相对前一周期表现出周期间整体下降。通过中国消费率变化周期间的比较可以发现，第二个非对称周期最大值相对第一个非对称周期下降 5 个百分点，最小值下降幅度更大，为 9.5 个百分点，均值下降近 8 个百分点。中国消费率在周期间变动也显示出周期性整体下降态势。可见，中国消费率的变化无论是周期内还是周期间都呈波动下降态势。

另外，我国从新中国成立初期就开始制定"五年规划"，不同规划期国家的任务和重点不同，是国家发展方向的规定。从不同的发展规划期看，中国消费率也呈波动下降态势。特别是"十五"时期以来，消费率下降较快。"六五"时期消费率均值是 66.34%，"七五"时期是 63.88%，"八五"时期是 60.10%，"九五"时期是 60.23%，"十五"时期是 56.77%，"十一五"时期估计是 49.15%。"七五"时期相对"六五"时期下降 2.46 个百分点，"八五"时期相对"七五"时期下降 3.78 个百分点，"九五"时期略有回升，但"十五"时期和"十一五"时期下降速度加快，分别下降 3.46 个百分点和 7.62 个百分点。不同时期中国消费率均值见表 5-2。

表 5-2　不同发展时期消费率均值

单位：%

时　期	"六五"	"七五"	"八五"	"九五"	"十五"	"十一五"（预估）
消费率均值	66.34	63.88	60.10	60.23	56.77	49.15

资料来源：根据《中国统计年鉴》计算整理。

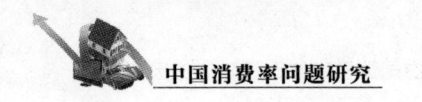

总之，从消费率变动周期的角度考察，中国的消费率整体波动下降。在第一个非对称变动周期内波动相对频繁，第二个非对称变动周期内波动较少，特别是2000年以来波动下降明显，且呈持续下降态势。从国民经济发展规划不同时期考察，中国消费率整体波动下降。因此，30年来中国的消费率具有整体波动下降的特征，但2000年以来，又具有持续下降的阶段特殊性。

二 中国消费率持续波动下降的特点

综合分析改革开放以来中国消费率的变化，呈现出以下几个明显的特征。

（一）上升期短、下降期长的趋势下降不对称周期性

中国消费率的变化具有明显的趋势下降不对称周期性。截至2008年，中国消费率已经经历了两个完整的不对称趋势下降变化周期。在第一个周期（1978～1995年），上升期是4年，下降期是14年，下降期是上升期的3.5倍。在第二个周期，上升期是5年，下降期到2008年是8年，已经超过上升期3年，是上升期的1.6倍。两个变化周期都表现出上升期短、下降期长的不对称下降周期性。周期之间的变化也显示出明显的下降趋势。不对称周期性的变化导致消费率在周期内下降和周期间下降，以及整体波动下降的结果。

（二）消费率下降具有波动性

从周期变化的角度考察，中国消费率呈现波动下降的特征；但从"五年规划（计划）"发展不同阶段比较，中国消费率也显示出波动下降的特征。"五年规划（计划）"是中国国民经济在不同时期发展的重要导向器，国民经济指标在不同时期的变化是国家发展政策调整导致国民经济结构调整的综合反应。自"六五"时期以来，中国消费率在不

同发展规划期的均值波动下降,特别是"十五"时期和"十一五"时期平均消费率下降幅度加大。

(三) 消费率变化的逆经济周期性

中国消费率的变化具有一定的波动性,并且与经济增长周期密切相关。整体上表现出逆经济周期性,即在经济增长较快的年份,消费率下降;在经济增长放慢的年份,消费率有所回升。例如,1995~2000年,中国经济由高位增长开始逐年放缓,其间消费率逐年回升,由58.1%回升到63.3%;从2001年开始经济增长进入上升周期,消费率开始逐年下降,直到2008年国际金融危机爆发。中国消费率变化的逆经济周期性特征明显。

(四) 消费率下降结构的非均衡性

中国的消费率下降在结构上表现为非均衡下降,即在下降过程中,居民消费率下降较快,政府消费率在小幅波动。居民消费率和政府消费率在非均衡变化过程中调整,消费率结构发生变化:居民消费率结构占比在下降,政府消费率结构占比在上升。中国消费率结构变化见图5-2。

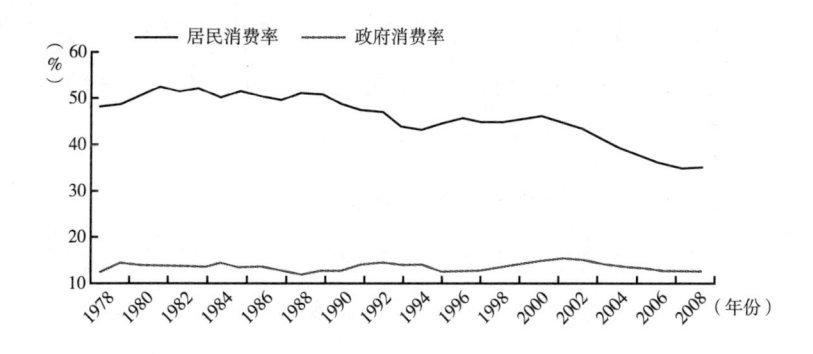

图5-2 1978~2008年中国消费率结构变动

从中国消费率变化周期看,在第一个非对称变动周期,中国居民消费率最大值是1981年的52.47%,最小值是1993年的44.43%,均值是

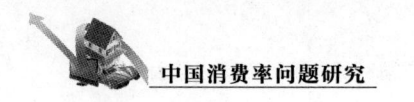

49.24%;上升最大幅度是 3.23 个百分点,下降最大幅度是 5.81 个百分点。居民消费率上升的幅度小于消费率上升的幅度,但下降的幅度大于消费率下降的幅度。政府消费率最大值是 15.25%,最小值是 12.81%,均值是 14.29%;向上浮动 2.44 个百分点,向下浮动 1.38 个百分点。政府消费率上升的幅度略大于下降的幅度,上升和下降均小于消费率的变动。

在第二个非对称变动周期,居民消费率最大值是 2000 年的 46.44%,最小值是 2008 年的 35.32%,均值是 42.16%;上升最大幅度是 4.28 个百分点,下降最大幅度是 6.84 个百分点。居民消费率上升和下降的幅度相对消费率的变化略微收缩。政府消费率最大值是 16.21%,最小值是 13.25%,均值是 14.42%;上升最大幅度是 1.79 个百分点,下降最大幅度是 1.17 个百分点,政府消费率波动幅度较小。

从两个周期间的关系看,第二个周期居民消费率的最大值、最小值、均值都小于第一个周期,但波动幅度大于第一个周期。政府消费率的最大值、最小值、均值大于第一个周期,但波动幅度小于第一个周期。这样,导致消费率的构成比例发生了变化,居民消费率占比均值由第一个变动周期的 77.5% 下降到 74.4%;政府消费率占比均值由 22.5% 上升到 25.6%。通过对消费率失衡的调整,在消费率的结构上,居民消费率占比下降,政府消费率占比上升。

(五)居民(农村和城镇)消费率反向变化性

中国居民消费率的结构具有反向变化性,即农村居民消费率波动下降,同时,城镇居民消费率波动上升;但城镇居民消费率上升的速度小于农村居民消费率下降的速度。农村居民消费率 20 世纪 80 年代初以来一直呈下降趋势,并且下降幅度较大,由 1983 年的 32.34% 下降到 2008 年的 8.87%,下降 23.47 个百分点。城镇居民消费率基本呈上升趋势,由 1984 年的 19.42% 上升到 2000 年的最高点 31.10%,上升

11.68个百分点。很显然，城镇居民消费率上升的幅度小于农村居民消费率下降的幅度，并且，2000年以后，城镇居民消费率也转向下降趋势。居民消费率结构变化见图5-3。

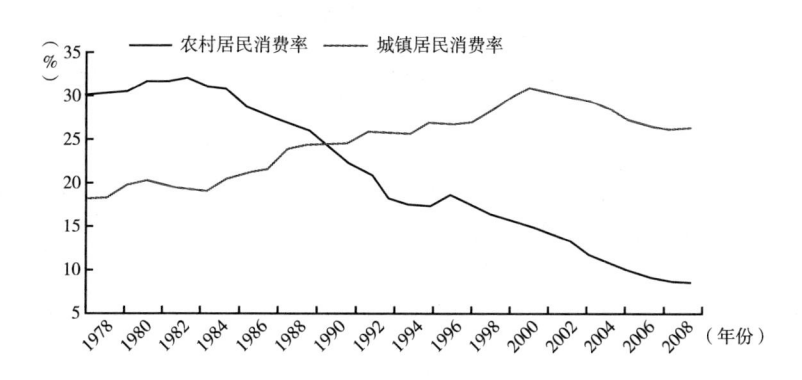

图5-3 1978~2008年中国居民消费率结构变化

（六）居民（城镇和农村）人均消费率波动下降

在居民消费率构成中，在不考虑城乡人口变化的情况下，整体数据显示城镇居民消费率上升，农村居民消费率下降。考虑人口变化因素后，城镇和农村人均消费率均呈下降趋势。依据城镇、农村居民消费支出和人口数分别计算出人均消费支出，然后，再依据支出法人均国内生产总值计算出人均消费率。结果显示城镇居民人均消费支出占人均国内生产总值的比例也波动下降。

人均消费率是人均消费支出占人均GDP的比例。城镇居民人均消费率是城镇居民人均消费支出占人均GDP的比例。农村居民人均消费率是农村居民人均消费支出占人均GDP的比例。从数量关系看，城镇居民人均消费率由20世纪90年代前期的90%以上到后期下降到85%左右。2000年以来，继续以前的下降趋势，以每年4个百分点左右的幅度下降，到2008年降到57.92%。农村居民人均消费率与居民消费率一样整体呈波动下降态势，由1990年的32.89%下降到2008年的

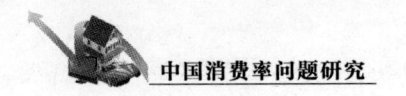

16.32%。可见,考虑人口变化因素后,城镇和农村居民消费率都呈下降态势。中国居民人均消费率变动情况见表 5-3。

表 5-3 中国居民人均消费率情况

单位:%

年份	1990	1991	1992	1993	1994	1995	1996	1997	1998	1999
城镇	93.31	92.87	94.68	92.41	90.58	93.13	88.69	85.76	85.79	86.25
农村	32.89	30.81	29.17	25.78	24.72	25.13	26.97	26.21	25.09	24.54

年份	2000	2001	2002	2003	2004	2005	2006	2007	2008	
城镇	85.85	81.44	77.16	73.31	69.15	64.09	61.01	58.94	57.92	
农村	24.05	23.24	22.20	20.10	18.80	17.87	16.97	16.51	16.32	

资料来源:《中国统计年鉴》。

三 中国消费率波动下降引发的问题

中国的消费率经过长期的非对称周期性、非均衡性及"逆经济周期性"的长期波动下降,导致中国经济波动发展可能存在以下问题。

第一,不利于国民经济的稳定。消费需求具有稳定经济、降低经济波动的作用。中国消费需求增长一直较为平稳,波动的幅度远小于投资增长和 GDP 的波动幅度。消费需求相对投资需求和 GDP 增长波动幅度小,具有相对稳定性,在很大程度上平缓了投资需求波动给国民经济带来的不稳定,抑制了国民经济过于迅速地上升或下降,是经济周期性波动的重要制约因素。根据消费函数理论中的相对收入假说理论,家庭的消费支出水平取决于其相对收入,即该家庭与其他家庭的相对收入水平。这样,在总消费行为中,人们当期的消费支出依赖于以前所达到的与最高收入水平相当的那个时期的收入,因而,尽管收入发生了变化,消费者总是维持大体不变的消费水平,平缓了经济的波动幅度。消费率长期波动下降造成消费需求平稳经济波动的能力的下降,不利于国民经济的稳定。

第二，不利于长期经济增长，影响增长质量。依据经济增长理论，经济增长取决于投资率，投资率是决定经济增长的重要因素。理论的直接含义是投资率越高越有利于长期经济增长；但前提条件是投资的增长必须有消费需求的支撑，即消费需求与投资需求必须保持合理的比例关系，否则，长期经济增长则不能顺利实现。宏观经济学中的投资乘数原理也表明，投资乘数的大小取决于边际消费倾向。消费倾向越高，投资乘数越大，越有利于经济的增长，相反，投资乘数较小，不利于经济的增长。可见，经济增长质量与消费率、投资率的比例关系是否合理密切相关。消费率以及消费倾向下降是制约经济增长质量的重要因素。目前，中国投资率不断提高、消费率波动下降的经济运行态势很难保证消费和投资的合适比例关系；整体消费需求乏力、疲软已经成为经济长期稳定增长的制约因素。

第三，经济发展的内需基础削弱，对外依赖性增强。消费率的波动下降造成中国消费支出在经济结构中的比重不断下降。消费率由20世纪90年代以前的60%以上下降到目前的48.6%，不到50%，经济增长的内需基础弱化。同时，贸易顺差不断增加，进出口占国内生产总值的比例不断提高，对外依赖性增强。内需基础的弱化和对外依赖性提高导致中国贸易摩擦不断增多、人民币升值压力不断提高、经济脆弱性提高、抵御外来风险的能力下降等一系列影响发展的问题。

第四，居民生活水平提高慢于经济增长速度，社会矛盾积累。在经济高速增长的背景下，消费率长期波动下降的结果就是社会财富快速积累并向少数人集中，使社会贫富差距拉大。整体上居民生活水平提高或改善的速度低于经济发展的速度。贫富差距和生活水平改善的差距使社会生活压力提高，幸福感下降导致社会矛盾积累，一定程度上影响社会的和谐建设。在消费率的构成中，居民消费率占比下降，由早期的77%左右下降到2008年的72%左右；政府消费占比上升，由22%左右上升到24%左右。而居民消费率构成中，如果不考虑人口因素，城镇居民消费率会上升，农村居民消费率将会下降；如果考虑人口变化的因素，城镇居民和农村居民的消费率均会下降。实际上，这说明全体居民消费支出提高的速度均低于经济发展的速度，居民生活水平改善相对较慢；社会财富可能在向少数人集中，社会贫富差距在扩大，社会矛盾在积累。

总之，中国消费率经过长期的波动下降，已经不利于国民经济的稳定和长期经济增长，已经导致经济发展的内需基础削弱，对外依赖性增强；经济发展脆弱性提高，抵御外来风险能力下降；社会贫富差距拉大，居民消费能力相对下降，生活压力加大，幸福感下降，社会矛盾积累等一系列问题。

第三节　中国消费率波动下降结构

中国消费率的波动下降已经对国民经济可持续发展及和谐社会建设造成一系列的影响，多年来也引起学界和政府的高度关注；但关注的重点和重心一直是消费率偏低及其成因，而对消费率波动下降的成因研究不多。笔者认为中国消费率问题的本质是消费率波动下降的问题，期望能够在研究消费率波动下降的成因的基础上，寻求解决消费率问题的政策措施。下面首先从消费率的结构分析其下降的直接成因。

消费率在构成上包括居民消费率和政府消费率。居民消费率又包括城镇居民消费率和农村居民消费率。在分析消费率下降的结构成因时，笔者按结构层次顺序分析，即先分析居民消费率和政府消费率在消费率波动下降中各自的效应，在消费率结构的第一层面找出导致消费率波动下降结构上的直接成因。然后在第二层面对居民消费率进行解构分析，探求导致居民消费率下降的直接结构成因。

一 消费率波动结构概况

改革开放30年来，中国消费率整体呈周期性波动变化，其最大值是67.1%，最小值是48.6%，均值是60.47%。居民消费率最大值是52.47%，最小值是35.23%，均值是46.05%。政府消费率最大值是16.21%，最小值是12.81%，均值是14.29%。居民消费率最大值和最小值的消费率结构占比分别为78.20%和72.68%；均值占比为76.15%。2001年以来，居民消费率一直低于均值。政府消费率的最大值和最小值占比分别为27.32%和21.44%，均值占比为23.63%。中国消费率及其结构情况见表5-4。

表5-4 1978~2008年中国消费率结构情况

单位：%

年份	消费率	居民消费率	占比	政府消费率	占比
1978	62.10	48.79	78.56	13.31	21.44
1980	65.49	50.76	77.50	14.73	22.50
1985	65.95	51.64	78.30	14.31	21.70
1990	62.49	48.85	78.17	13.64	21.83
1991	62.42	47.53	76.15	14.89	23.85
1992	62.41	47.16	75.57	15.25	24.43
1993	59.29	44.43	74.94	14.86	25.06
1994	58.23	43.50	74.70	14.73	25.30
1995	58.13	44.88	77.20	13.25	22.80
1996	59.22	45.79	77.31	13.43	22.69
1997	58.95	45.21	76.70	13.74	23.30

续表

年份	消费率	消费率			
		居民消费率	占比	政府消费率	占比
1998	59.62	45.34	76.04	14.28	23.96
1999	61.06	46.00	75.35	15.05	24.65
2000	62.30	46.44	74.54	15.86	25.46
2001	61.37	45.16	73.59	16.21	26.41
2002	59.57	43.68	73.33	15.89	26.67
2003	56.78	41.67	73.38	15.11	26.62
2004	54.30	39.83	73.34	14.47	26.66
2005	51.84	37.74	72.80	14.10	27.20
2006	49.90	36.31	72.77	13.59	27.23
2007	48.95	35.58	72.68	13.38	27.32
2008	48.59	35.32	72.69	13.27	27.31
最大值	67.1	52.47	78.56	16.21	27.32
最小值	48.6	35.32	72.68	12.81	21.44
均值	60.47	46.05	76.15	14.29	23.63

资料来源：根据《中国统计年鉴》整理。

二 消费率周期性波动下降的成因分析

截至 2008 年，中国消费率的变化经历了两个上升期短、下降期长的非对称周期性变化，整体呈波动下降态势。下面对中国消费率非对称周期内变化和非对称周期间的变动情况进行分析。

（一）消费率非对称周期内变动分析

在第一个非对称变化周期内（1978~1995 年），消费率最大值是 1981 年的 67.1%，最小值是 1995 年的 58.1%，相差 9 个百分点。消费率周期均值是 63.53%，上升期均值是 64.78%，下降期均值是 63.18%，均值下降 1.6 个百分点。居民消费率最大值是 1981 年的 52.47%，最小值是 1993 年的 44.43%，相差 8.04 个百分点。居民消费率周期均值是 49.24%，相应上升期均值是 50.29%，下降期均值是

48.94%，下降 1.35 个百分点，占消费率均值下降的 85%。政府消费率最大值是 1979 年的 15.20%，最小值是 1988 年的 12.81%，相差 2.39 个百分点。政府消费率周期均值是 14.29%，消费率上升期均值是 14.47%，下降期均值是 14.24%，下降 0.23 个百分点，占消费率均值下降的 14.38%。

中国消费率经过第一个非对称周期的变化，消费率均值由上升期的 64.78% 降到下降期的 63.18%，下降了 1.6 个百分点。居民消费率均值由 50.29% 降到 48.94%，下降 1.35 个百分点，占消费率下降的 85%。政府消费率均值由 14.47% 降到 14.24%，占消费率下降的 14.38%。在第一个非对称周期消费率的下降结构中，居民消费率的下降是消费率下降的主要原因，贡献率为 85%；政府消费率下降是次要原因，贡献率是 14.38%。在第一个非对称周期变化内，消费率结构变化情况见表 5-5。

表 5-5　消费率第一个非对称变化周期结构变动情况

单位：%

项　目	最大值	最小值	均值	上升期均值	下降期均值	均值下降占比
消费率	67.10	58.1	63.53	64.78	63.18	1.6
居民消费率	52.47	44.43	49.24	50.29	48.94	1.35
居民占比	78.20	76.47	77.51	77.63	77.46	85.00
政府消费率	15.2	12.81	14.29	14.47	14.24	0.23
政府占比	22.65	22.05	22.49	22.34	22.54	14.38

在第二个非对称变化周期内（1995~2008 年），消费率最大值是 2000 年的 62.3%，最小值是 2008 年的 48.6%，相差 13.7 个百分点。消费率周期均值是 56.48%，上升期均值是 59.88%，下降期均值是 53.93%，均值下降 5.95 个百分点。居民消费率最大值是 2000 年的 46.44%，最小值是 2008 年的 35.32%，相差 11.12%。居民消费率周

期均值是 42.07%，上升期均值是 45.61%，下降期均值是 39.41%，均值下降 6.2 个百分点，占消费率下降的 104.2%。政府消费率最大值是 2001 年的 16.21%，最小值是 2008 年的 13.27%，相差 2.94 个百分点。政府消费率周期均值是 14.4%，上升期均值是 14.27%，下降期均值是 14.50%，上升 0.23 个百分点，占消费率下降的 3.87%。

经过第二个非对称周期的变化，消费率均值由上升期的最大值 59.88% 降到下降期的 53.93%，下降 5.95 个百分点。居民消费率均值由上升期的 45.61% 降到下降期的 39.41%，下降 6.2 个百分点，占消费率下降的 104.2%。政府消费率均值由上升期的 14.27% 提高到 14.5%，提高 0.23 个百分点，占消费率下降的 3.87%。居民消费率下降依然是消费率下降的主因，政府消费率略有提升，但对抑制消费率下降的贡献不大。在第二个非对称周期变化内，消费率结构变动情况见表 5-6。

表 5-6 中国消费率在第二个非对称变化周期结构变动情况

单位：%

项目	最大值	最小值	均值	上升期均值	下降期均值	均值下降
消费率	62.30	48.6	56.48	59.88	53.93	5.95
居民消费率	46.44	35.32	42.07	45.61	39.41	6.2
居民占比	74.54	72.67	74.49	76.17	73.08	104.20
政府消费率	16.21	13.27	14.4	14.27	14.5	-0.23
政府占比	26.02	27.30	25.50	23.83	26.89	-3.87

（二）非对称变化周期间变动分析

从两个非对称周期间变动的比较看，第二周期相对第一周期消费率最大值和最小值分别下降 4.8 个百分点和 9.5 个百分点；均值下降 7.05 个百分点，上升期均值和下降期均值分别下降 4.9 个百分点和 9.25 个百分点。显然，最大值、最小值和均值在非对称周期变化的作用下都在下降，并且，最小值下降的速度大于最大值和均值下降的速度，整体呈下降态势。在消费率结构上，居民消费率的最大值、最小值和均值分别下降6.03个百分点、9.11个百分点和7.17个百分点，在消费率中的占比分别下降3.65%、3.80%和3.02%。政府消费率最大值、最小值和均值分别上升1.01个百分点、0.46个百分点和0.11个百分点，在消费率中的占比分别提高3.37%、5.26%和3%。消费率非对称周期间变动的比较显示出以下两点。一是消费率变动在非对称周期间呈波动下降态势。二是居民消费率波动下降是消费率波动下降的主要原因，可以解释消费率整体下降的99.7%；可以解释第一个下降周期消费率下降的85%和第二个周期内消费率下降的104.2%。

总之，通过两个非对称周期内变动分析得出消费率在非对称周期内波动下降；消费率在非对称周期间也呈波动下降态势。从消费率非对称周期间的变动看，消费率在第二个周期下降的数值和幅度均大于第一个下降周期，说明第二个周期是消费率下降的主要时期。从消费率的构成变动中可以看出居民消费率波动下降，政府消费率波动上升。居民消费率是消费率波动下降的主要原因。

三 消费率结构变动成因分析

中国消费率在1978~2008年经过波动下降，整体下降了13.5个百分点，平均每年下降0.45个百分点。其中居民消费率整体下降了13.46个百分点，平均每年下降0.4488个百分点；政府消费率整体下降0.04个百分点，平均每年下降0.0014个百分点。居民消费率下降的数值占消费率下降数值的99.7%；政府消费率下降的数值占消费率下降数值的比例为0.3%。从消费率结构整体变动看，政府消费率基本保持稳定；居民消费率下降是中国消费率波动下降的主要原因。

中国消费率经过两个非对称周期的长期非均衡波动下降调整，消费率自身结构发生了很大的变化,特别是1996年以来居民消费率占比波动下降,由1996年的77.3%下降到2008年的72.69%,下降了4.61个百分点。相反,政府消费率占比则波动上升,由1996年的22.69%上升到2008年的27.31%,上升4.62个百分点。在结构构成比例上也反映出了居民消费率的波动下降和政府消费率基本保持稳定的特点。从消费率结构的变动中可以看出,居民消费率的波动下降可以解释消费率第一个下降周期的85%,第二个下降周期的104%;整体上可以解释消费率下降的99.7%。通过对消费率的解构分析,进一步揭示出了中国消费率波动下降的主要原因是居民消费率的波动下降。

表5-7 1978~2008年中国消费率结构变动情况

单位:%

1978~ 2008年	消费率变动		居民消费率变动		政府消费率变动	
	整体	平均	整体	平均	整体	平均
消费率	-13.5	0.45	-13.46	0.4488	-0.04	0.0014
占比	100	100	99.74	99.73	0.32	0.31

资料来源:根据《中国统计年鉴》计算整理。

四 居民消费率结构变动成因分析

在结构上,居民消费率包括城镇居民消费率和农村居民消费率。居民消费率波动下降是中国消费率波动下降的主要原因。下面分析导致居民消费率波动下降的结构成因,找出消费率波动下降结构上的主要原因。

居民消费率在1978~2008年整体波动下降13.46个百分点,平均每年下降0.87个百分点。其中,城镇居民消费率整体上升7.97个百分点,平均每年上升0.51个百分点;农村居民下降21.43个百分点,平均每年下降1.38个百分点。农村居民消费率下降占居民消费率下降的159.1%,城镇居民消费率上升抵消了农村居民消费率下降的59.1%。

因此从整体上看，农村居民消费率的快速下降是居民消费率下降的主要原因，城镇居民消费率的上升小于农村居民消费率的下降是居民消费率下降的次要原因。从时间区间看，2000~2008年居民消费率下降11.11个百分点，占居民消费率下降的82.53%，可见，2000~2008年是居民消费率下降的主要时间区间。而农村居民消费率在此期间下降了6.47个百分点，占居民消费率下降的58.25%；城镇居民消费率下降了4.64个百分点，占居民消费率下降的41.75%。农村居民消费率下降依然是居民消费率下降的主要原因。随着城镇居民消费在居民消费结构中占比的逐年提高，城镇居民在中国消费市场上的消费主体地位已经确立；农村居民消费占比经过多年的持续波动下降，到2008年已经降到8.87%的低位，在居民消费率中的占比仅为1/4。农村居民消费率尽管可能会继续下降，但下降的空间已经不大。从趋势上看，城镇居民消费率的变动对居民消费率变动的影响越来越大，已经取代农村居民消费对居民消费影响的主体地位。城镇居民消费率的变动可能成为居民消费率进一步下降的主要原因，也可能是逐步提高居民消费率的主要动力。从实际情况看，目前城镇居民消费率下降已经成为推动居民消费率下降的重要原因。1978~2008年中国居民消费率及结构变化情况见表5-8。

农村居民消费率与消费率变化周期大体一致，在改革开放初期（1978~1983年）由1978年的30.30%上升到1983年的32.34%，此后，波动下降，到1994年降到17.67%。经过1995年和1996年2年的回调，1996年回升到18.75%。1996年以来农村居民消费率又进入波动下降期，2000年下降到15.34%，2003年下降到11.95%，2006年下降到10%以下，为9.52%，到2008年下降到8.87%。整体上，农村居民消费率波动下降，由20世纪80年代初的最高点32.34%降到2008年的8.87%，下降了23.47个百分点，下降幅度是目前农村居民消费率的2.65倍，特别是1996年以来波动下降态势非常明显。

表 5 – 8 居民消费率及结构变化

单位：%

年份	居民 消费率	城镇居民 消费率	占比	农村居民 消费率	占比
1978	48.79	18.49	37.9	30.30	62.1
1980	50.76	20.04	39.5	30.72	60.5
1985	51.64	20.69	40.1	30.95	59.9
1988	51.13	24.01	47.0	27.12	53.0
1990	48.85	24.64	50.4	24.20	49.6
1994	43.50	25.83	59.4	17.67	40.6
1995	44.88	27.05	60.3	17.83	39.7
1996	45.79	27.03	59.0	18.75	41.0
1997	45.21	27.36	60.5	17.85	39.5
2000	46.44	31.10	67.0	15.34	33.0
2001	45.16	30.67	67.9	14.49	32.1
2002	43.68	30.16	69.0	13.52	31.0
2003	41.67	29.71	71.3	11.95	28.7
2004	39.83	28.88	72.5	10.95	27.5
2005	37.74	27.55	73.0	10.19	27.0
2006	36.31	26.79	73.8	9.52	26.2
2007	35.58	26.49	74.5	9.09	25.5
2008	35.32	26.46	74.9	8.87	25.1

资料来源：《中国统计年鉴》。

城镇居民消费率在改革开放初期与农村居民消费率变化一致，呈上升态势；但 1984~2000 年与农村居民消费率呈反向变化，呈波动上升态势。城镇居民消费率由 1984 年的 19.42% 上升到 2000 年的 31.10%，上升 11.68 个百分点。在同一时期，农村居民消费率下降 16.06 个百分点，农村居民消费率下降的 72.7% 被城镇居民消费率的上升抵消。2000 年以来，城镇居民消费率也进入持续下降通道，到 2008 年下降到 26.46%。可见，2000 年以前，农村居民消费率的波动下降是消费率下降的主因；城镇居民消费率的上升小于农村居民消费的下降是次要原因。2000 年后，农村居民消费率继续下降，城镇居民消费率也进入下降通道，农村居民和城镇居民消费率均下降是导致居民消费率下降的原因。

随着中国农村居民消费率的下降和城镇居民消费率的提升，农村居民和城镇居民消费率在居民消费率结构中的占比发生了调整。在1990年以前，农村居民消费率一直大于城镇居民消费率，占比在50%以上；1990年以后城镇居民消费率占比不断提高，农村居民消费率不断下降。1995年农村居民消费率占比已经降到40%以下，城镇居民消费率占比提高到60%以上；到2003年城镇居民消费率占比已超过70%，农村居民消费率占比下降到30%以下；到2008年，农村居民消费率占比下降到25.1%，城镇居民消费率占比提高到74.90%。随着中国城镇化建设的继续推进，城镇人口占比会继续提高，城镇居民消费率占比会进一步提升，农村居民消费占比将进一步下降。中国居民消费率结构变动情况见表5-9。

表5-9　1978~2008年中国居民消费率结构变动情况

单位：%

1978~2008年	居民消费率		城镇居民消费率		农村居民消费率	
	整体	平均	整体	平均	整体	平均
消费率变动	-13.46	-0.87	7.97	0.514	-21.43	-1.38
占　　比	100	100	-59.16	-59.16	159.16	159.16

本章小结

关于中国消费率问题，多年来学界的主流观点是消费率偏低，并据此提出提高消费率的对策建议。政府也基本接纳了消费率偏低的观点，并采取了扩大内需、促进消费的相应政策。十多年来，针对内需不足、消费率偏低观点而推出的扩大内需政策，特别是刺激消费内需的政策非但没有提高中国的消费率，反而导致国内通货膨胀压力不断加大，同时消费率继续下降。这说明针对消费率偏低观点的政策效果不明显，甚至无效。本章首先分析了消费率偏低观点的论证方法，认为由于论证方法的缺陷，对消费率偏低的观点需要谨慎对待。在此基础上，提出中国消费率问题的实质不是高低问题，而是多年来持续波动下降的问题，研究消费率持续波动下降的成因可能更有价值和意义。

在认识到中国消费率问题的实质是波动下降问题的基础上，对消费率波动下降的结构成因进行分析。基本结论是：中国消费率在1978～2008年的两个非对称周期变化过程中，无论是周期内还是周期间都呈现出波动下降态势。在结构上，政府消费率基本保持相对稳定；居民消费率波动下降是消费率波动下降的主要原因，可以解释整个期间消费率下降的99.7%。居民消费率波动下降的主要动力是农村居民消费率波动下降，可以解释整个期间居民消费率下降的159%。城镇居民消费率提升缓慢，只能抵消农村居民消费率下降的59%。在变动时间区间上，居民消费率下降可以解释第一个非对称周期内消费率下降的85%；政府消费率下降可以解释消费率下降的14.38%。在第二个下降周期，居民消费率下降可以解释消费率下降的104.2%；政府消费率略有上升，对消费率的下降起到一定抑制作用，但效果不大。总之，居民消费率波动下降是中国消费率下降的主要动力和原因；农村居民消费率波动下降是居民消费率下降的主要动力和原因。

第六章　中国居民消费率波动下降的成因分析

中国消费率波动下降在结构上的主要成因是居民消费率的波动下降，探求消费率波动下降的主要驱动力，需要进一步研究分析中国居民消费率。本章通过对居民消费率波动下降的成因分析，试图找出居民消费率下降的主要影响因素和影响因子。

第一节　中国居民消费水平概况

消费水平是按常住人口计算的人均消费支出，可以从数量上反映居民消费需求的满足程度，是衡量社会经济发展的重要指标。居民消费水平可以用价值指标和实物指标衡量，也可以从消费结构和文化消费状况来考察。一个地区或国家的消费水平通常可以用恩格尔系数衡量。根据联合国粮农组织标准划分，恩格尔系数在60%以上为贫困，在50%～59%为温饱，在40%～49%为小康，在30%～39%为富裕，在30%以下为最富裕。

改革开放以来，伴随着经济的快速增长，中国居民消费水平发生了根本的变化。在消费支出水平上，常住居民消费水平由1978年的184元提高到2008年的8183元，提高了43.5倍；以不变价计算提高8.9倍，年

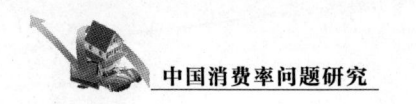

均提高7.6%。农村居民消费水平由1978年的138元提高到2008年的3756元，提高26.2倍；以不变价计算提高5.7倍，年均提高6.1%。城镇居民消费水平由1978年的405元提高到2008年的13526元，提高32.4倍；以不变价计算提高6.4倍，年均增长6.4%。居民消费结构不断改善，城镇和农村居民恩格尔系数大幅下降，城镇居民恩格尔系数由57.5%下降到近几年的36%左右，下降20个百分点，由接近贫困线的水平提高到富裕水平；农村居民恩格尔系数由67.7%下降到43%，下降近25个百分点，由贫困经历温饱达到小康并接近富裕的水平。可见，经过30多年的发展，中国城乡居民生活都得到了根本的改善，城镇居民生活达到富裕水平，农村生活已经跨越温饱达到小康并接近富裕的生活水平。

问题是中国居民生活水平提高的速度低于经济发展的速度，农村居民生活改善的速度低于城镇居民生活改善的速度，导致居民消费差距拉大以及居民消费率波动下降；而消费率的波动下降已经影响到我国经济的增长质量和可持续发展的基础，因此，需要探求我国居民消费率波动下降的成因。依据经典消费需求理论（绝对收入、相对收入、持久收入和生命周期），实际有效消费需求的实现取决于消费能力和消费意愿。消费能力由收入（可支配收入）决定，但受生理条件的限制；消费意愿取决于个人偏好和消费欲望，并受消费习惯和社会制度的约束。下面首先分析居民消费率下降的成因，然后，分别分析城镇居民和农村居民消费率下降的成因。

第二节 中国居民消费率的概况和特征

一 中国居民消费率概况

居民消费率在构成上包括城镇居民消费率和农村居民消费率，

1978～2008年中国居民消费率表现为波动下降；城镇居民消费率表现为波动上升；而农村居民消费率波动下降，并且下降幅度较大。居民、城镇居民和农村居民消费率变动情况具体如图6-1所示。

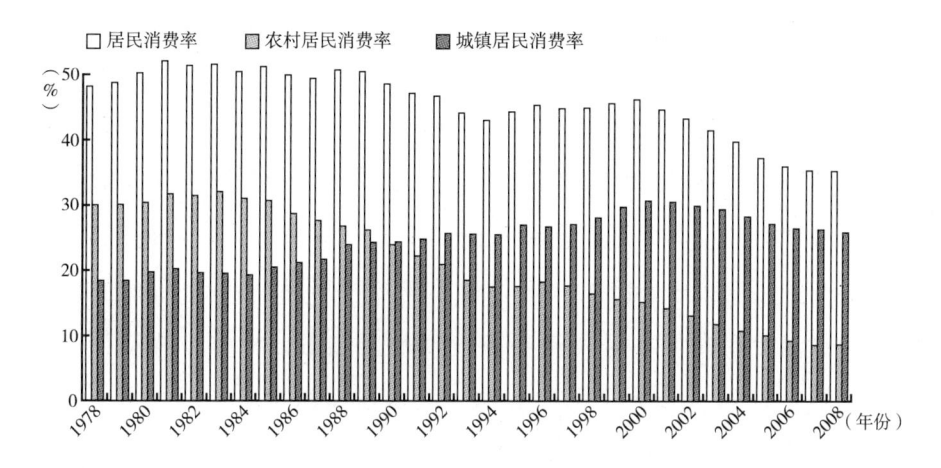

图6-1　1978～2008年中国居民消费率及其构成变动

图6-1显示，居民消费率经过1978～1981年连续3年上升，由48.79%上升到52.47%，提高了3.68个百分点。1981～1994年波动下降，由52.47%降到43.05%，降低了9.42个百分点。1994～2000年处于波动上升阶段，由43.05%上升到46.44%，提高3.39个百分点。2000～2008年波动下降，由46.44%降到35.32%，下降11.12个百分点；居民消费率整体呈波动下降态势。

城镇居民消费率在2001年以前都处于波动上升期，由1978年的18.49%提高到2000年的30.1%，提高11.61个百分点。2001年开始持续下降，2008年降到26.46%。1978～2008年，城镇居民消费率共提高了6.79个百分点；但2000年以后城镇居民消费率呈持续下降态势。农村居民消费率在改革开放初期（1978～1983年）连年上升，1984～1994年处于第一个波动下降期，1994年降到低点17.67%，下降了14.67个百分点。经过1995年和1996年小幅回升后又开始波动下降，2000年降

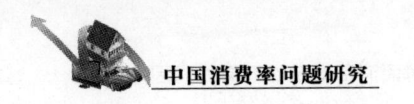

到 15.34%，相对 1994 年下降 2.33 个百分点；2008 年降到 8.9%，相对 2000 年再次下降 6.44 个百分点，相对 1994 年下降了 8.77 个百分点，相对 1983 年降了 23.44 个百分点。农村居民消费率整体呈波动下降态势。

二　中国居民消费率的变动特征

中国居民消费率变动显示出以下特征：一是农村居民消费率整体持续波动下降，下降的时间较长、幅度较大。二是城镇居民消费率 2001 年以前波动上升，其后开始持续下降；上升时间较长，下降时间较短，整体上升的幅度大于下降的幅度，但小于农村居民消费率下降的幅度。三是居民消费率在城乡居民消费率变动的影响下，整体呈波动下降态势，特别是 2000 年以来下降趋势明显。从居民消费率构成上看，农村居民消费率波动下降是居民消费率波动下降的主要动力；城镇居民消费率提高一定程度上抑制了农村居民消费率的下降效应。中国居民消费率的变化显示出农村居民消费率波动下降是居民消费率下降的主要原因，而城镇居民消费率上升是居民消费率下降的抑制性因素。依据居民消费率整体结构变化得出的这个初步的结论需要谨慎对待，因为在考察居民消费率变动的结构变化时，没有考虑城乡居民人口的变动因素；而城乡人口结构变化对城乡居民消费率有着根本的影响。下面我们进一步考察中国城乡人口结构的变化对城乡居民消费率的影响，进而在考虑人口结构变动的基础上分析居民消费率下降的成因。

第三节　中国人口及城乡人口结构变化

消费是人类通过消耗物质文化生活资料满足自身欲望的一种行为，是社会再生产中的一个重要环节。在整个消费活动过程中，人是一切商品消耗的主体。在理论上,个人的绝对消费能力受生理条件和社会发展水平的限制;相对消费能力受个人可支配收入、消费意愿和消费习惯的制约。社会群体或国家的绝对消费能力强弱的基础是社会总人口,实际消费能力的强弱受社会发展水平、总人口和人口结构的影响。因此,研究中国消费率下降的原因需要考虑中国城乡人口结构的变化。

一 中国总人口增长情况

人是消费的基础和一个国家或经济体消费率的决定性因素,人口总量的变化和城乡人口结构的调整对经济社会和城乡居民的整体消费能力和消费率的变化有根本性的影响。在考察研究居民消费和消费率的变化时,需要考虑人口以及城乡人口结构的变化情况对城乡居民消费率,进而对居民消费率的影响。新中国成立以来中国人口总量急剧增加。1978~2008年中国人口及其增长情况见表6-1。

表6-1 1978~2008年中国人口整体情况

单位:亿人,%

年份	1978	1979	1980	1981	1982	1983	1984	1985	1986	1987	1988
总人口	9.63	9.75	9.87	10.01	10.17	10.30	10.44	10.59	10.75	10.93	11.10
增长率	—	1.33	1.19	1.38	1.58	1.33	1.31	1.43	1.56	1.67	1.58
年份	1989	1990	1991	1992	1993	1994	1995	1996	1997	1998	1999
总人口	11.27	11.43	11.58	11.72	11.85	11.99	12.11	12.24	12.36	12.48	12.58
增长率	1.51	1.45	1.30	1.16	1.15	1.12	1.06	1.05	1.01	0.92	0.82
年份	2000	2001	2002	2003	2004	2005	2006	2007	2008		
总人口	12.67	12.76	12.85	12.92	13.00	13.08	13.14	13.21	13.28		
增长率	0.76	0.70	0.65	0.60	0.59	0.59	0.53	0.52	0.51		

资料来源:《中国统计年鉴》。

如表6-1所示,1978~1987年中国人口增长率波动提高,1978年总人口是9.63亿人,到1987年达到10.93亿人。1987年以后总人口继续增加，但增长率逐年下降。1995年总人口突破12亿，达到12.11亿人，增长率降到1.06%；2005年突破13亿，达到13.08亿人，但增长率进一步下降到0.59%；到2008年，总人口增加到13.28亿人，增长率却下降到0.51%。30多年来，人口总量增加3.65亿人，庞大的人口规模形成强大消费能力的基础，但自1987年以来人口增速在快速下降。

从人口增长速度看，1988年以前中国人口增长速度逐年提高，到1987年达到人口增长高峰，增速为1.67%；1988年以后人口增速才开始逐年下降，到1998年人口增速降到1%以下；2008年人口增速降到0.51%。从2000年开始，人口增长规模开始低于1000万，并逐年降低。随着我国出生率的下降和老年死亡率的上升，预计人口增长规模会进一步减缓，以人为基础的消费能力积累也会放慢。总之，中国人口的增长客观上为消费能力的提高奠定了庞大的基础；但1987年以来，人口增长速度放缓使中国客观消费能力积累速度放慢。

二 中国人口年龄结构和抚养比情况

人口年龄结构是指在一定时点、一定地区各年龄组人口在全体人口中的比重；是过去几十年，甚至上百年自然增长和人口迁移变动综合作用的结果，又是今后人口再生产变动的基础和起点。人口年龄结构不仅对未来人口发展的类型、速度和趋势有重大影响，而且对今后的社会经济发展也将产生一定的作用；对最终消费支出占总产出的比例，即消费率也有很大的影响。人口年龄结构通常用各年龄组人口占总人口的比重和社会抚养比指标衡量。1982～2008年中国人口年龄结构和抚养比变化情况见表6-2。

表6-2 中国人口年龄结构和抚养比变化情况表

单位：%

年 度	1982	1987	1990	1995	1996	1997	1998	1999	2000
0~14岁	33.59	28.68	27.69	26.60	26.40	25.96	25.70	25.40	22.89
15~64岁	61.50	65.86	66.74	67.20	67.20	67.50	67.60	67.70	70.15
65岁以上	4.91	5.46	5.57	6.20	6.40	6.54	6.70	6.90	6.96
总抚养比	62.60	51.84	49.84	48.81	48.81	48.15	47.93	47.72	42.56
少儿抚养比	54.62	43.55	41.49	39.58	39.27	38.46	38.02	37.52	32.64
老年抚养比	7.98	8.29	8.35	9.23	9.54	9.69	9.91	10.20	9.92

年 度	2001	2002	2003	2004	2005	2006	2007	2008
0~14岁	22.50	22.40	22.10	21.50	20.27	19.75	19.42	18.95
15~64岁	70.40	70.30	70.40	70.92	72.04	72.32	72.53	72.80
65岁以上	7.10	7.30	7.50	7.58	7.69	7.93	8.05	8.25
总抚养比	42.05	42.25	42.05	41.01	38.81	38.27	37.87	37.36
少儿抚养比	31.96	31.86	31.39	30.32	28.14	27.31	26.78	26.03
老年抚养比	10.09	10.38	10.65	10.69	10.67	10.96	11.10	11.33

资料来源：《中国统计年鉴》。

如表6-2所示，20世纪80年代以来，由于推行计划生育政策，中国人口年龄结构和社会抚养比发生了很大的变化。少儿总人数和占比都快速下降，由1982年的3.4146亿人，降到2008年总人数2.5166亿人，比重由33.59%下降到18.95%；少儿抚养比也由1982年的54.62%下降到2008年的26.03%。随着经济的高速发展，中国居民生活水平得到快速提高，医疗卫生条件不断改善，人均寿命不断延长。老年人口与少儿人口数和比重变化的趋势相反，老年人口的总数和占比逐年上升。1982年老年人口数只有4991万，占比只有4.91%，到2008年，老年人口数达到1.0956亿，增加了一倍多，占总人口的比重也提高到8.25%；相应老年抚养比也由1982年的7.98%，增加到2008年的11.33%。

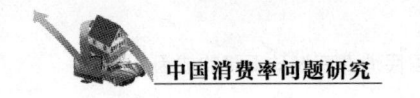

由于新中国成立初期到 20 世纪 80 年代初中国新生人口的快速增加,80 年代以来成年组劳动力人口逐年增加,比重不断提高。成年劳动力人口数由 1982 年的 6.2517 亿人增加到 2008 年的 9.6680 亿人,占比由 61.5% 提高到 72.8%。在少儿人口占比急剧减少、老年人口占比缓慢提高的共同影响下,成年劳动力人口占比稳步提高;社会总抚养比也快速下降,总抚养比由 1982 年的 62.60% 下降到 2008 年的 37.36%,下降了 25.24 个百分点,下降幅度几乎达到 50%。

总之,从人口总量看,中国当前庞大的人口规模客观上已经积累了强大的消费能力基础。人口年龄结构的变化有利于经济的高速发展;而社会抚养比的变化,特别是少儿抚养比的快速下降在一定程度上抑制了消费能力的释放。老年人口的消费倾向低于年轻人,老年总人口占比的提高也不利于社会消费能力的释放,也是导致中国居民消费率下降的一个原因。不过,人口年龄结构和社会抚养比的变化不是本章考察的主要内容。由于中国是典型的二元经济社会,我们关注的重点是城乡居民人口结构的变化对城乡居民消费率,进而对居民消费率的影响。

三 中国城乡人口结构变化情况和现状

人是社会消费的载体,在中国人口统计中,居民分为城镇居民和农村居民两大群体;居民消费率构成中也包括城镇居民消费率和农村居民消费率。在城乡二元结构体制下,城乡人口总量是各自消费总量的载体,城乡人口结构的变化调整必然对城乡居民的消费能力和城乡居民消费率产生根本性的影响。在考察我国居民消费率下降的成因时,有必要研究城乡人口结构变化对城乡居民消费率的影响。随着经济社会的发展和城市化进程的推进,中国的城乡人口结构 1978~2008 年发生了很大的变化,具体变化情况见图 6-2。

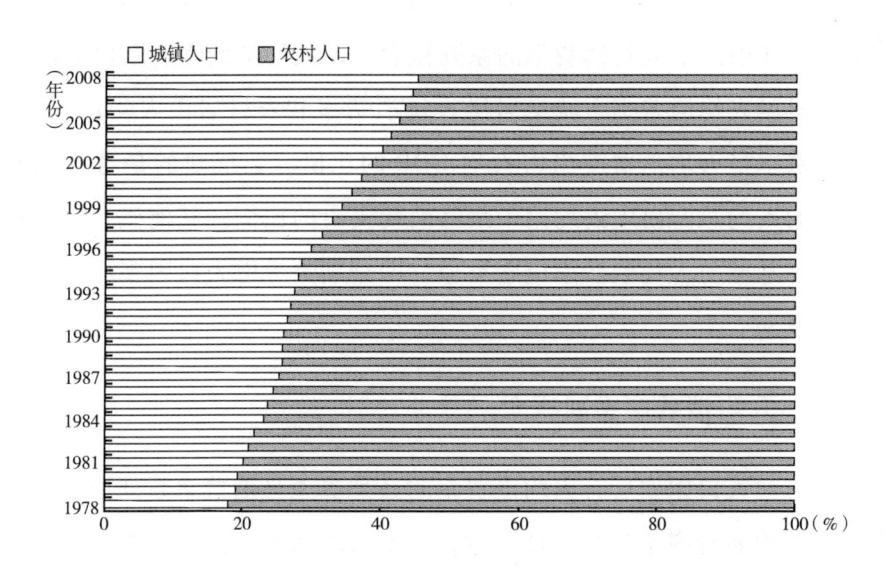

图 6-2　1978~2008 年中国城乡居民人口结构变动

图 6-2 显示，在改革开放初期，中国是典型的农业社会，农村人口占总人口比重的 80% 以上，城镇人口比重不到 20%。在经济社会发展的过程中，随着经济的发展和城镇化建设的推进，中国城镇人口占比不断提高，农村人口占比逐年下降。特别是 1996 年以来，城镇化建设提速，城镇人口占比提高和农村人口占比减少也同时加快。30 年来，中国城乡人口结构发生了重大的变化，到 2008 年农村人口比重降到 54.3%，城镇人口比重上升到 45.7%。城乡人口结构变化必然会对城乡居民的整体消费能力和消费率产生影响，因此，在考察我国居民消费下降的成因时需要考虑城乡人口结构变化因素的影响。

第四节　中国居民人均消费率

为了揭示人口变化对居民消费率的影响，本节在消费率系列概念的

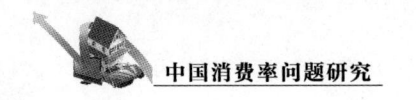

基础上延伸引入了人均消费率的系列概念，即人均消费率、政府人均消费率、居民人均消费率、城镇居民人均消费率和农村居民人均消费率。人均消费率是人均消费支出占人均 GDP 的比值。它反映的是考虑人口因素后的人均总产出中人均用于最终消费支出的比例。其他概念以消费率概念为基础与人均消费率概念类似，即分别是考虑人口因素后对应的消费率概念。

一 人均消费率系列概念

在考虑人口因素后，人均消费率的系列概念与消费率系列概念相对应。在人均消费率系列数据计算时，由于人均消费率、政府人均消费率和居民人均消费率与人均 GDP 计算的人口基数相同，其计算结果与消费率、政府消费率和居民消费率在数值上相等，只是数值内涵发生了变化。居民人均消费率等于居民人均最终消费支出除以人均 GDP，反映的是居民人均消费支出在人均总产出中的占比情况。政府人均消费率等于政府人均消费支出除以人均 GDP，反映的是人均负担政府消费支出的情况。农村居民人均消费率是农村居民人均消费支出与人均 GDP 的比值，反映的是农村居民人均消费支出在人均 GDP 中的占比情况。城镇居民人均消费率是城镇居民人均消费支出占人均 GDP 的比值，反映的是城镇居民人均消费支出在人均 GDP 中的占比情况。城乡居民人均消费率在计算时，由于人均消费支出与人均 GDP 的人口基数的差异，城乡居民人均消费率与城乡居民消费率在数值和内涵上都发生了很大的变化。由于人均消费率是考虑人口因素后的消费率，因此，研究城乡居民人均消费率的变化情况更能接近和揭示城乡居民消费和消费率变动的真实情况和成因，可能会比直接研究现有统计资料中的消费率更有意义和价值。特别是在分析城乡居民消费率变化的成因时，城乡居民人均消费率的变化对城乡居民消费率的变化有着更为直接的影响。

二 居民人均消费率变化情况

依据《中国统计年鉴》国内生产总值和人口结构表中的相关数据，分别计算出1978~2008年的人均消费率、政府人均消费率和居民人均消费率以及城乡居民人均消费率。由于人均消费支出、政府人均消费支出和居民人均消费支出与人均GDP计算的人口基数相同，计算出的人均消费率、政府人均消费率和居民人均消费率的结果与消费率、政府消费率和居民消费率相等。城乡居民人均消费率在计算时与人均GDP计算人口基数发生了变化，结果与城乡居民消费率产生实质性的差异。本节主要考察研究城乡居民人口结构变化对城乡居民消费率、居民消费率的影响，因此，对人均消费率、政府人均消费率在此不予以考虑。1978~2008年中国居民人均消费率、城镇居民人均消费率和农村居民人均消费率具体计算结果及其变化情况见图6-3。

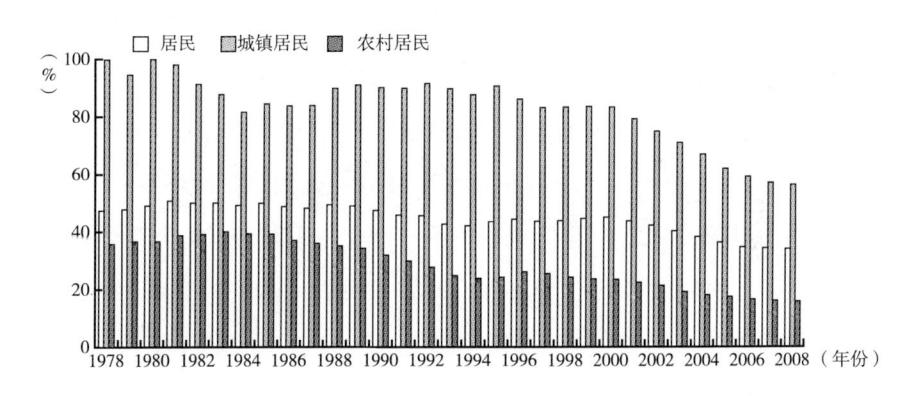

图6-3 1978~2008年居民人均消费率变化情况

居民人均消费率及其结构变化图显示，一是城镇居民人均消费率远远大于农村居民人均消费率，说明我国城乡居民的消费水平存在很大的差距，具有典型的城乡二元结构特征。二是城镇居民消费率也远远大于居民人均消费率，但差距逐步缩小。这说明城镇人口在逐年增加，城镇

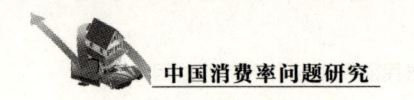

居民消费在居民消费中的比重在提高。三是农村居民人均消费率相对居民人均消费率的差距逐步扩大。2008年农村居民人均消费率已经降到居民人均消费率的一半以下，说明农村居民人均消费率相对居民人均消费率在下滑，与城镇居民消费的差距在扩大。四是城乡居民人均消费率波动下降。从1978~2008年的变动趋势看，城乡居民人均消费率都表现出波动下降的特征，特别是1996年以来二者都开始波动下降。五是居民人均消费率2000年以前波动上升，2000年以后开始波动下降。受城乡居民人均消费率变化的影响，居民人均消费率整体也显示出波动下降的特征，特别是2000年以来随着城乡居民消费率的持续下降，居民人均消费率也呈持续下降态势。

三　居民人均消费率变化分析

1978~2008年中国城镇人口逐年增加，随着城镇人口的增长，城镇居民人均消费率与城镇居民消费率变动趋势相反，由波动上升转变为波动下降。具体来看，城镇居民人均消费率1978~1984年波动下降，到1984年降到低点（84.39%）；然后波动上升，到1995年升到高点（93.31%）；1996年以后波动下降，特别是1999年以后开始持续下降，2000年降到85.85%；2000年以后降速加快，平均每年下降近3.5个百分点，到2008年降到57.92%。1995~2008年下降35.22个百分点，1999~2008年下降28.34个百分点，降幅是32.85%。如果以1983年为基准，城镇居民人均消费率下降32.89个百分点；1995~2008年的降幅超过1983年基准的降幅。如果以1995年为基准，2000年以后下降的占比是79.33%。城镇居民人均消费率的特点是：20世纪90年代中期以前基本保持稳定；1995年以后开始波动下降，2000年以后开始持续下降。从整体上看，城镇居民人均消费率具有下降时间短、下降速度快和下降幅度大的特点。

农村居民人均消费率与农村居民消费率波动下降基本一致，但降幅缩小。1978~1983年，随着农村土地承包责任制的推行，农民人均收入相对增加，人均消费率由 36.91% 提高到 41.27%，增加 4.36 个百分点，城乡居民消费水平差距也由 2.9 个百分点下降到 2.2 个百分点，消费水平差距缩小。1984 年开始农村居民人均消费率延续 10 年波动下降，到 1994 年降到 24.72%，相对 1983 年降幅是 16.55 个百分点。城乡居民消费水平差距也开始拉大，由 2.2 个百分点提高到 3.7 个百分点。经 1995 年和 1996 年小幅回调至 26.97%，其后，继续延续波动下降态势，到 2008 年降至 16.32%，再次下降 10.65 个百分点，其间城乡居民消费水平差距保持在 3.6 倍左右。2008 年农村居民人均消费率相对 1983 年的最高点，总降幅是 24.95 个百分点。1994 年以前下降幅度占总降幅的比为 66.33%，1994 年以后下降幅度占比是 33.67%。农村居民人均消费率具有波动下降时间长、回调时间短、总降幅较大且 1994 年以前下降幅度占比高的特点。

居民人均消费率在城乡居民人均消费率和人口结构变化的共同影响下，其变化与居民消费率波动下降态势一致。在 1990 年以前，居民人均消费率保持在 50% 左右；经过 1988～1994 年连续 7 年的下降，由 51.13% 降到 43.50%，降幅是 7.63 个百分点；1994～2000 年小幅回调到 46.44%；其后波动下降，到 2008 年降到 35.32%，降幅 11.12 个百分点。如果以 1988 年的消费率为基准，1988～2008 年持续波动下降 15.81 个百分点。从时间区间看，居民人均消费率下降主要发生在 2000 年以后，2000～2008 年的下降幅度占 1988 年基准总降幅度的 70.30%。如果以 1983 年的消费率（51.98%）为基准下降 16.66 个百分点，2000～2008 年下降的占比是 66.72%。可见，2000～2008 年是居民人均消费率下降的主要时间区间。

通过居民人均消费率变化分析得出的初步结论是：城镇居民人均消费率 1995 年以后开始波动下降；2000 年以后开始持续下降，相对农村居民消费率，城镇居民人均消费率具有整体下降时间晚、下降时间短、

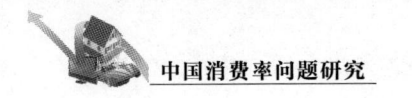

下降速度快、下降幅度较大的特征。农村居民人均消费率从 1984 年就开始波动下降，下降时间长，幅度大。1994 年以前农村居民人均消费率的下降幅度占总降幅的比例较大。居民人均消费率在城乡居民人均消费率的共同作用下，2000 年以前降幅较小，其下降主要发生在 2000 年以后，2000~2008 年是居民人均消费率下降的主要时间区间。

第五节 城镇居民消费率波动下降的影响因子分析

一 城镇居民消费率的影响因子分解

城镇居民消费率是城镇居民最终消费支出占 GDP 的比值，反应的是城镇居民消费的消费能力。计算公式是：$c_{cp} = \dfrac{C_c}{GDP}$，$c_{cp}$ 为城镇居民消费率，C_c 为城镇居民消费支出。城镇居民人均消费率是城镇居民人均消费支出占人均 GDP 的比值，反映的是城镇居民的人均消费能力。计算公式是：

$$c_{acp} = \dfrac{\dfrac{C_c}{p_c}}{\dfrac{GDP}{p}} = \dfrac{C_c}{GDP} \times \dfrac{p}{p_c} = \dfrac{p}{p_c} \times c_{cp} \qquad (6-1)$$

其中，p_c 为城镇居民人口，p 为总人口，$\dfrac{C_c}{p_c}$ 为城镇居民人均消费支出，$\dfrac{GDP}{p}$ 为人均 GDP，$\dfrac{C_c}{GDP}$ 为城镇居民消费率；$\dfrac{p_c}{p}$ 为城镇居民人口占比。依据城镇居民消费率和城镇居民人均消费率的计算公式和内涵，可以推出城镇居民消费率与城镇居民人均消费率的关系，其表达式为：

$c_{cp} = c_{acp} \times \dfrac{p_c}{p}$，即城镇居民消费率等于城镇居民人均消费率与城镇居民人口占总人口比的乘积。

由城镇居民消费率的计算表达式可知，城镇居民人均消费率和城镇人口占总人口的比值是城镇居民消费率的影响因子。由城镇居民消费率分解表达式可以推出，在城镇居民人均消费率不变的条件下，如果城镇居民人口占比提高，城镇居民消费率会随之提高；相反则下降。在城镇人口占比不变的条件下，如果城镇居民人均消费率提高，城镇居民消费率会随之提高；相反则下降。在城镇居民人口占比提高、人均消费率下降的条件下，城镇居民消费率的升降取决于人口占比提高的消费增加效应和人均消费率下降的消费减少效应的大小。如果人口占比提高的消费效应大于人均消费率下降的消费效应，城镇居民消费率就会提高；当人口占比提高的消费效应小于人均消费率下降的消费效应时，城镇居民消费率则会下降。在城镇居民人口占比下降、城镇居民人均消费率下降的条件下，城镇居民消费率下降。在城镇居民人口占比提高、城镇居民人均消费率提高的条件下，城镇居民消费率提高。1978～2008年，在中国经济高速增长和城镇化推进阶段不可能出现城镇人口占比下降的情况；在中国二元社会特征比较明显的情况下，城镇人口占比提高的同时城镇居民人均消费率提高出现的概率也不大。因此，这两种情况本章不予以考虑，本章只分析假定城镇人口占比不变和提高的情况下，城镇居民消费率的变化。

二 城镇居民消费率和城镇居民人均消费率比较分析

在中国城乡人口结构变化调整的影响下，城镇居民消费率和城镇居民人均消费率在计算方法和内涵上有着本质的区别，在相同时间区间内的变化有很大的差异。1978～2008年中国城镇居民消费率和城镇居民人均消费率的大小和变动见图6-4。

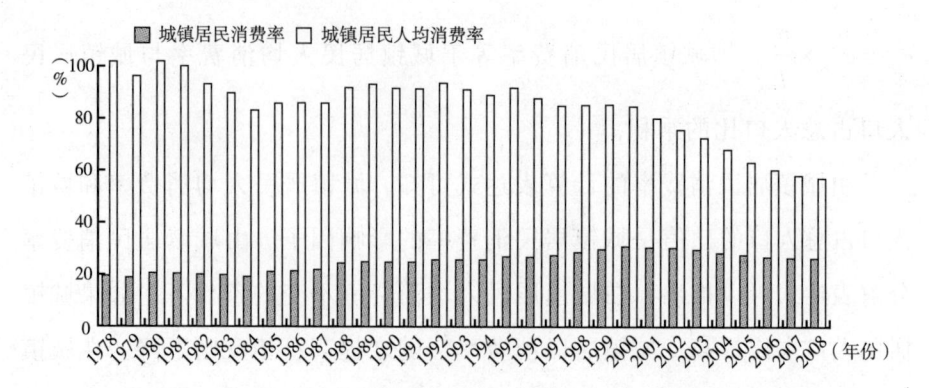

图 6-4 城镇居民消费率和人均消费率变化

图 6-4 显示，1978~2008 年中国城镇居民人均消费率远远大于城镇居民消费率，这说明城镇居民人均消费支出在人均 GDP 中的占比远远高于城镇居民消费支出在 GDP 中的占比；反映出明显的城乡收入消费差距以及城镇人口在总人口中占比不高的现实。图 6-4 还显示出城镇居民消费率和城镇居民人均消费率的变化趋势不同。在 2000 年以前，城镇居民消费率波动上升，而同期城镇居民人均消费率却在波动下降。1995~2000 年城镇居民消费率逐年提高，而城镇居民人均消费率波动下降。2000 年以后，二者都进入持续下降的态势，但城镇居民人均消费率下降的绝对数和下降幅度都远大于城镇居民消费率。

总之，随着城镇居民人口占比的逐年提高和城镇居民人均消费率的大幅波动下降，以及城镇居民消费率与城镇居民人均消费率变化方向和变动幅度的差异，二者差距逐年缩小。1978 年二者的差距是 84.72 个百分点，到 2008 年缩小到 31.46%，这说明城镇居民消费率在城镇居民人口占比提高和人均消费率的双重影响下波动变化。在影响效应的时间区间划分上，2000 年以前，人口增加的消费效应大于人均消费率下降的消费效应，表现为城镇居民消费率波动上升。2000 年以后，人口增加的消费效应小于人均消费率下降的消费效应，表现为居民消费率持续下降，但各自影响效应的大小从统计计算数据上很难直接解读出来。

三 城镇居民消费率影响因子解构分析

通过对城镇居民消费率影响因子的分解，我们知道城镇居民消费率受城镇居民人口占比和城镇居民人均消费率的双重影响。为了具体分析城镇居民人口占比和城镇居民人均消费率对城镇居民消费率的影响效应，我们选择以不同年度的人均消费率和城乡居民人口结构为基准。在分别假定城乡人口结构不变（城镇居民人口占比不变）或城镇居民人均消费率不变的条件下，计算出各不同年份对应的城镇居民消费率并构建出城镇居民消费率变化结构矩阵表。城镇居民消费率变化矩阵表的横栏表示：在保持基年人口结构不变的条件下，分别与相应年份的人均消费率计算出的各年度的城镇居民消费率；纵栏表示：在保持基年人均消费率不变的条件下，分别以对应年份的城乡居民人口结构计算出的各相应年度的城镇居民消费率。对角线表示以基年人口结构和人均消费率计算出的城镇居民人均消费率，即在人口结构和人均消费率实际都发生变化的情况下的实际城镇居民消费率。以各不同基准年份城镇居民人口占比变化和城镇居民人均消费率变化对城镇居民消费率的影响矩阵表如表6-3所示。

表6-3 城镇居民受城乡人口结构和人均消费率的影响矩阵表

	年份	人口结构不变							
		1982	1985	1990	1995	1996	2000	2005	2008
人均消费率不变	1982	19.95	18.44	19.72	19.68	18.74	18.14	13.54	12.24
	1985	22.39	20.69	22.12	22.08	21.03	20.36	15.20	13.73
	1990	24.94	23.05	24.64	24.60	23.42	22.67	16.93	15.30
	1995	27.42	25.34	27.10	27.05	25.76	24.93	18.61	16.82
	1996	28.78	26.60	28.44	28.39	27.03	26.17	19.53	17.65
	2000	34.20	31.61	33.80	33.73	32.12	31.10	23.21	20.98
	2005	40.60	37.52	40.11	40.04	38.13	36.91	27.55	24.90
	2008	43.14	39.87	42.63	42.55	40.52	39.22	29.28	26.46

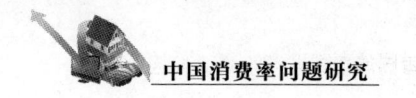

表 6-3 中各横栏数据显示，在假定基年人口结构不变的条件下，城镇居民消费率受城镇居民人均消费率下降的影响。可以看出，横栏各不同基准年份都具有共同的规律，即 1995 年以前小幅波动变化，基本保持稳定；1995 年以后开始波动下降。这说明从 1995 年开始，在城镇居民人均消费率波动下降的作用下，城镇居民消费率有很强的下降动力。表 6-3 中各纵栏也显示出共同的规律，即在人均消费率保持不变的假定条件下，各年度城镇居民消费率均波动增加，并且各年度都增加得比较明显。这说明城镇居民人口增加是城镇居民消费率提高的内在推动力。

对矩阵表的纵栏和横栏进行综合比较分析可以发现，在 1995 年以前，城镇居民人均消费率变动不大，导致城镇居民消费率下降的效应不太明显，而人口增加的消费效应比较明显，因此，城镇居民消费率在城镇人口占比不断提高的带动下波动上升。由此可见，城镇居民人口的增加是 1995 年以前城镇居民消费率提高的主要内在驱动力。1995~2000 年，城镇居民人均消费率开始波动下降，导致城镇居民消费率下降的效应增强；同时，城镇人口继续快速增加。在该期间内，城镇居民人口增加的消费效应依然大于人均消费率下降的消费效应；城镇居民消费率依然表现为不断提高但增幅逐年降低。2000 年以后，城镇居民人均消费率下降的消费效应进一步加大；尽管城镇居民人口继续增加，但人口增加的消费效应已经开始小于人均消费率下降的消费效应，表现为城镇居民消费率开始波动下降。下面分别以不同年份为基准，具体分析城镇居民人口占比变化和城镇居民人均消费率变化对城镇居民消费率的影响效应。

（一）1982 年基准下城镇居民消费率的影响因子分析

为了具体分析 1982 年基准下城镇居民人口结构占比和城镇居民人均消费率对城镇居民的影响，首先假定 1982 年中国城乡人口结构基准不变,分析城镇居民人均消费率下降对城镇居民消费率的影响,如矩阵表的1982年横栏所示。在1982年人口基准下,以各年度实际人均消费率乘以1982年的城镇人口占比得到各计算年度的城镇居民消费率。2008年城镇居民消费率只有12.24%,相对1982年下降7.71个百分点,相对1985年下降6.2个百分点,相对1990年下降7.48个百分点,相对1995年下降7.44个百分点,相对1996年下降6.5个百分点,相对2000年下降5.9个百分点。1995~2008年下降的幅度占1982年基准下降的96.37%;2000~2008年下降的幅度占78.89%。可见,在城镇居民人均消费率下降的作用下,城镇居民消费率的下降主要发生在1995年以后,特别是2000年以后,城镇居民消费率下降的内在驱动力增强。

然后,进一步假定1982年城镇居民人均消费率保持不变,分析城乡人口结构变化对城镇居民消费率的影响,如表6-3中1982年纵栏所示。在1982年城镇居民人均消费率基准下,随着各年度城镇人口的增加,城镇居民占比不断上升,城镇居民消费率逐年增加,到2008年达到43.14%。2008年相对1982年提高23.19个百分点,升幅是116.19%;相对1990年提高18.20个百分点,升幅是72.97%;相对1996年提高14.36个百分点,升幅是49.88%;相对2000年提高8.94个百分点,升幅是26.12%;相对2005年提高2.54个百分点,升幅是6.26%。可见,在城镇居民人口增加的作用下,城镇居民消费率波动上升;城镇居民人口增加是城镇居民消费率提高的主要驱动力。

(二) 1995年基准下城镇居民消费率影响因子分析

1995年基准下,在保持人口结构不变时,城镇居民消费率变化如表6-3中1995年横栏所示:1982年城镇居民消费率计算值是27.42%,大于实际城镇居民消费率。2008年城镇居民消费率的计算值是16.82%,远远小于实际值。2008年城镇居民消费率相对1982年下降10.6个百分点,相对1990年下降10.28个百分点,相对1995年下降

10.23 个百分点，相对 2000 年下降 8.11 个百分点，相对 2005 年下降 1.79 个百分点。可以看出城镇居民消费率下降的主要时间段在 1995~2008 年，占相对 1982 年基准下降的 96.51%；而 2000~2008 年下降的幅度占 1982 年基准的 76.51%。相对 1982 年人口基准，在 1995 年基准下，由于城镇人口基数增加，1995~2008 年人均消费率下降效应增强；而 2000~2008 年下降效应略微下降，是 1995~2000 年下降效应增强的结果。

在保持 1995 年基准城镇居民人均消费率不变时，城镇居民消费率变化如表 6-3 中 1995 年纵栏所示。1995 年城镇居民人均消费率是 19.68%，2008 年是 42.55%。2008 年相对 1982 年提高 22.87 个百分点，相对 1985 年提高 20.47 个百分点，相对 1990 年提高 17.95 个百分点，相对 1995 年提高 15.50 个百分点，相对 2000 年提高 8.81 个百分点，相对 2005 年提高 2.51 个百分点。可见，在 1995 年城镇居民人均消费率基准下，随着城镇居民人口占比的上升，城镇居民消费率保持波动上升态势。城镇居民人口占比提升依然是城镇居民消费率提高的主要推动力。

（三）2005 年基准下城镇居民消费率的影响因子分析

在 2005 年基准下，保持城镇居民人口占比不变时，如表 6-3 横栏 2005 年数据所示：1982 年城镇居民消费率提高到 40.60%，远远大于城镇居民实际消费率（18.49%），主要原因是 2005 年相对 1982 年城镇人口发生了很大的变化。2008 年城镇居民消费率计算值是 24.90%，依然小于实际城镇居民消费率，相对 1982 年下降 15.7 个百分点，相对 1985 年下降 12.62 个百分点，相对 1995 年下降 15.14 个百分点，相对 2000 年下降 12.01 个百分点，相对 2005 年下降 2.65 个百分点。1995~2008 年的下降幅度占 1982~2008 年下降幅度的 96.43%；2000~2008 年的下降幅度占总降幅的 76.50%。1995~2008 年依然是城镇居民消费率下降的主要时间区间。

在保持城镇居民人均消费率不变时，如表6-3的纵栏所示：1982年城镇居民消费率只有13.54%，相对其实际消费率下降6.41个百分点。其主要原因是2005年城镇居民人均消费相对1982年大幅下降。2008年城镇居民消费率是29.28%，大于其实际消费率2.82个百分点，主要原因是2005年城镇居民人均消费率相对2008年较高。2005年城镇居民人均消费率基准下，2008年城镇居民消费率相对1982年提高15.74个百分点，相对1985年提高14.08个百分点，相对1990年提高12.35个百分点，相对1995年提高10.67个百分点，相对2000年提高6.07个百分点，相对2005年提高1.73个百分点。可见，随着城镇居民人口占比的提高，城镇居民消费率依然呈不断提高的态势。

其他基准年度的分析与此类似，通过对上一年度的分析，我们可以得出的结论是：城镇居民人均消费率下降是城镇居民消费率下降的主动力；城镇居民人口增加是城镇居民消费率提高的主动力。但以上分析没有分解出各自影响效应的大小，下面需要对城镇居民消费率影响因子进行进一步解构分析。

总之，在城镇人口占比的消费率提高效应和城镇居民人均消费率下降效应的共同作用下，城镇居民消费率的实际变化轨迹是矩阵的对角线。在城镇人口结构占比提高对城镇居民消费率的提高效应大于城镇居民人均消费率下降对城镇居民消费率的下降效应时，城镇居民消费率表现为提高；反之，表现为下降。整体上城镇居民消费率在城镇人口占比与城镇居民消费率的提高和下降的双重动力下表现为波动变化，变化的大小和方向取决于两个影响因子各自变化的大小。

四 城镇居民消费率影响因子效应的解构分析

城镇居民消费率受城镇居民人均消费率和城镇居民人口占比两个因

素的影响，并且各自的影响方向和大小不同。为了分析各个影响因素对城镇居民消费率变化效应的大小，本节在城镇居民消费率矩阵表的基础上对其变化进行解构分析。以2008年城镇居民人均消费率保持不变为例进行解构分析，具体过程是：首先，计算出2008年基准人均消费率不变条件下的各年份城乡人口结构下的城镇居民消费率。其次，根据各年度城镇居民消费率和2008年基准的城镇居民消费率得出各年度变化的数值，即城镇居民人均消费率对城镇居民消费率下降效应的大小。最后，依据2008年基准下各年度的城镇居民消费率，得到人口结构变化对城镇居民消费率影响数值。具体结果见城镇居民消费率影响因子解构分析，如表6-4所示。

表6-4 城镇居民消费率影响因子解构分析

年 份	1982	1985	1990	1995	1996	2000	2005	2008
城镇居民消费率	19.95	20.69	24.64	27.05	27.03	31.10	27.55	26.46
2008年人均消费率不变	12.24	13.73	15.30	16.82	17.65	20.98	24.90	26.46
人均消费率影响	-7.72	-6.96	-9.35	-10.23	-9.38	-10.12	-2.65	0.00
实际变化	6.50	5.77	1.81	-0.59	-0.58	-4.64	-1.10	0.00
人口变化影响	14.22	12.73	11.16	9.64	8.80	5.48	1.56	0.00

表6-4的横栏包括城镇居民消费率、2008年人均消费率基准下的各年度城镇居民消费率、城镇居民人均消费率对城镇居民消费率的影响效应和城镇居民人口占比对城镇居民消费率的影响效应，以及城镇居民消费率的实际变动值。纵栏表示各不同基准年度的影响变化情况。

表6-4所示，在1982~2008年的时间区间内，1982年城镇居民实际消费率大于以2008年人均消费率基准推算值7.72个百分点；说明在1982~2008年，城镇居民人均消费率下降导致城镇居民消费率下降了7.72个百分点。2008年城镇居民实际消费率大于以1982年人口基准推算值14.22百分点；说明在1982~2008年时间区间内，城镇居民人口

占比提高导致城镇居民消费率提高 14.22 个百分点。在城镇人口占比提高导致的城镇居民消费率提高效应和城镇居民人均消费率下降导致的城镇居民消费率下降效应的共同作用下，2008 年相对 1982 年中国城镇居民消费率提高了 6.50 个百分点，恰好是城镇人口占比提高效应与人均消费率下降效应的差值。可以看出，1982~2008 年，城镇居民人口占比提高导致的城镇居民消费率提高的消费效应大于城镇居民人均消费率下降导致的城镇居民消费率下降的消费效应，整体结果表现为城镇居民消费率在 2008 年相对 1982 年提高了 6.50 个百分点。

在 1985~2008 年的时间区间内，城镇居民人均消费率下降导致城镇居民消费率下降 6.96 个百分点；城镇人口占比提高引致居民消费率提高 12.73 个百分点；城镇居民消费率在二者的共同作用下提高了 5.77 个百分点。在 1990~2008 年的时间区间内，城镇居民人均消费率下降导致城镇居民消费率下降 9.35 个百分点；城镇人口占比提高导致城镇居民消费率提高 11.16 个百分点；结果是 2008 年城镇居民消费率相对 1990 年提高 1.81 个百分点。在 1995~2008 年的时间区间内，城镇居民人均消费率的下降导致城镇居民消费率下降 10.23 个百分点；城镇人口占比增加导致城镇居民消费率提高 9.64 个百分点。人均消费率下降的消费效应开始大于人口占比增加的消费提高效应，表现为 2008 年城镇居民消费率相对 1995 年下降 0.59 个百分点。同样，在 1996 年、2000 年和 2005~2008 年的时间区间内，城镇居民人均消费率下降的消费效应分别是 -9.38 个百分点、-10.12 个百分点和 -2.65 个百分点，城镇居民人口占比增加的消费效应分别是 8.80 个百分点、5.48 个百分点和 1.56 个百分点。城镇居民人均消费率下降的消费效应在数值上均大于人口增加的消费效应，结果城镇居民消费率分别下降 0.58 个百分点、4.64 个百分点和 1.10 个百分点。可见，1995 年以来城镇居民人均消费率下降的消费效应开始大于城镇人口增加的消费效应，并且城镇居民人

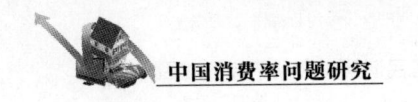

均消费率下降是城镇居民消费率下降的内在动力,而城镇居民人口占比提高是城镇居民消费率提高的内在力量。

五 城镇居民消费率影响因子解构的分析结论

通过以上分析可知,城镇居民人均消费率自1995年以来持续波动下降是城镇居民消费率下降的内在动力;而城镇人口增加是城镇居民消费率提高的内在力量。在1995年以前,城镇居民人口增加导致的城镇居民消费率提高的效应基本大于城镇居民人均消费率下降导致的消费率下降的效应,整体上表现为城镇居民消费率持续波动上升。1995~2000年城镇人口增加导致的城镇居民消费率提高的消费效应依然大于城镇居民人均消费率下降导致的城镇居民消费率下降的消费效应,城镇居民消费率依然表现为不断提高。而在2000年以后,城镇居民人均消费率下降的消费效应大于城镇人口增加的消费效应,城镇居民消费率开始表现为持续下降。总之,城镇居民人均消费率下降是城镇居民消费率下降的内在动力;而城镇人口占比不断提高是城镇居民消费率提高的内在动力;在城镇居民人均消费率和城镇人口占比变动的影响下,城镇居民消费率变动的大小和方向取决于二者相对变动的数值。在城镇居民人均消费率下降的效应大于人口占比提高的效应时,城镇居民消费率下降;城镇居民人均消费率下降的效应小于人口占比提高的效应时,城镇居民消费率提高。

城镇居民消费率的变动是居民消费率变动的构成部分,城镇居民消费率上升可以带动居民消费率的提高或者抑制居民消费率的下降;城镇居民消费率下滑同样可以带动居民消费率的下滑或者加快居民消费率下降。2000年以前,在城镇居民人口占比不断提高的带动下中国城镇居民消费率波动上升一定程度上抑制了居民消费率的过快下滑;而2000年以后,城镇居民消费率开始下降,加快了中国居民消费率的下降。本节分析的结论是城镇居民人均消费率自 1995 年以来持续波动下降是城镇居民消费率下降的主要内在动力,而城镇人口增加的消费效应减弱是城镇居民消费率下降的次要原因。

第六节 农村居民消费率波动下降的影响因子分析

一 农村居民消费率影响因子分解

农村居民消费率和农村居民人均消费率在概念和内涵上与城镇居民消费率和城镇居民人均消费率有相似之处。农村居民消费率的计算公式可以表达为:

$$c_{gp} = \frac{c_g}{GDP} \quad (6-2)$$

c_{gp} 为农村居民消费率;c_g 为农村居民消费支出。

农村居民人均消费率计算公式是:

$$c_{agp} = \frac{\frac{c_g}{p_g}}{\frac{GDP}{p}} = \frac{c_g}{GDP} \times \frac{p}{p_g} = \frac{p}{p_g} \times c_{gp} \quad (6-3)$$

其中,c_{acp} 为农村居民人均消费率;c_g 为农村居民人均消费支出;p_g 为农村居民人口;p 为人口总数;$\frac{c_g}{GDP}$ 为农村居民消费率;$\frac{p_g}{p}$ 为农村居民人口占总人口的比重。依据农村居民消费率和农村居民人均消费率的计算公式和内涵,可以推出农村居民消费率与农村居民人均消费率和农村居民人口占比关系的表达式是:

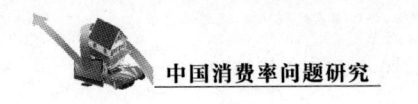

$$c_{gp} = c_{agp} \times \frac{p_g}{p} \qquad (6-4)$$

即农村居民消费率等于农村居民人均消费率与农村居民人口占总人口比的乘积。

农村人口占比和农村居民人均消费率是农村居民消费率的两个影响因子。从农村居民消费率的计算表达式可以看出，在保持农村人口结构占比不变的条件下，如果农村居民人均消费率下降，农村居民消费率就会下降；反之，农村居民消费率则提高。在农村人均消费率不变的条件下，如果农村人口占比下降，那么，农村居民消费率则下降；反之，则提高。如果农村人口占比和农村居民人均消费率均下降，那么，在二者共同的压力下农村居民消费率下降加快。如果二者同时上升，那么，农村居民消费率提高。如果农村人口占比提高的同时农村居民人均消费率下降，或者农村人口占比下降的同时农村居民人均消费率提高，那么，需要区分二者对农村居民消费率效应的方向和大小，据此可以判定农村居民消费率变动的大小和幅度。在城乡二元体制和城镇化建设推进的大背景下，中国不可能出现人口占比提高的情况，因此，对农村人口占比提高的情况我们不予以考虑。

二 农村居民消费率和农村居民人均消费率比较分析

1978~2008年，伴随经济的高速增长，中国农村居民消费率持续波动下降；中国农村居民人均消费率也持续波动下降，但下降的速度和幅度均大于农村居民消费率下降的速度和幅度。1978~2008年中国农村居民消费率和农村居民人均消费率年变化情况见图6-5。

图6-5显示，农村居民消费率和农村居民人均消费率都较低，最大值均不到GDP的45%。尽管农村人口占比很高，但农村居民消费率从来没有达到过35%。这说明尽管农村居民人口总数很多，占比很高，

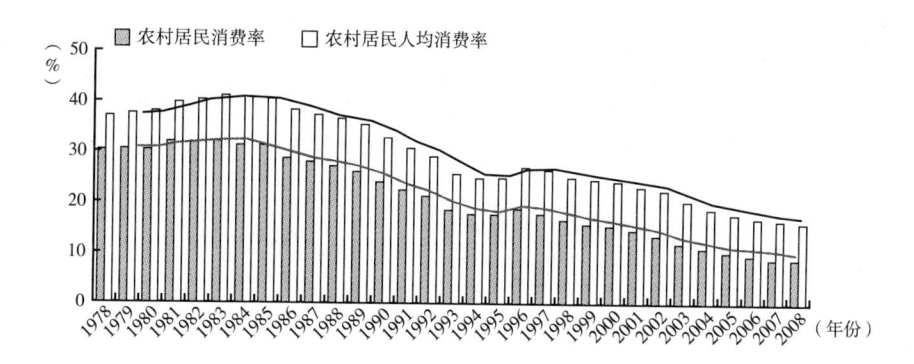

图 6-5 农村居民消费率和人均消费率变化

但农村居民个体消费能力不强，人均消费率较低，整体消费能力有限，消费率不高；同时，也进一步说明中国在城乡二元结构体制下，农村居民人均消费能力和消费水平均远远低于城镇居民。

在经济发展和城镇化进程的推动下，中国农村居民人口在城乡居民结构中占比逐年下降。农村居民消费率在农村居民人口占比逐年下降和农村居民人均消费率持续波动下降的双重作用下，持续下降的压力较大，整体呈持续波动下降态势。农村居民在变动趋势上基本与农村居民人均消费率一致，基本保持同步变动。这初步显示出农村居民人均消费率下降和农村人口占比下降是农村居民消费率下降的双重动力；但各自具体的影响效应大小很难直接解读出来，需要对影响因子进行解构分析，探求各自效应的大小。

三 农村居民消费率的影响因子解构分析

农村人口占比和农村居民人均消费率是推动农村居民消费率下降的双重动力。为了具体分析它们对农村居民消费率下降的影响，本节同样构建出农村居民消费率矩阵表。矩阵表的横栏是各年度农村人口占比保持不变的条件下与相应年份人均消费率乘积计算出的农村居民消费率，反映的是农村居民人均消费率变化对农村居民消费率变化的影响情况。

纵栏是各年度农村居民人均消费率不变条件下,与相应年份人口占比乘积计算出的农村居民消费率,反映的是农村居民人口占比变化对农村居民消费率变化的影响情况。矩阵对角线表示的是与各年度自身人口结构和人均消费率相对应的农村居民消费率,与实际统计的农村居民消费率相等。

表 6-5 农村居民消费率受城乡人口结构和人均消费率影响矩阵

	年份	\multicolumn{8}{c}{城乡居民人口结构不变}
	年份	1982	1985	1990	1995	1996	2000	2005	2008
人均消费率不变	1982	31.98	32.00	25.94	19.82	21.27	18.97	14.10	12.87
	1985	30.93	30.95	25.09	19.17	20.58	18.35	13.64	12.45
	1990	29.84	29.86	24.20	18.49	19.85	17.70	13.15	12.01
	1995	28.77	28.79	23.34	17.83	19.14	17.07	12.68	11.58
	1996	28.19	28.21	22.87	17.47	18.75	16.72	12.43	11.35
	2000	25.86	25.88	20.98	16.03	17.20	15.34	11.40	10.41
	2005	23.11	23.13	18.75	14.32	15.38	13.71	10.19	9.31
	2008	22.02	22.04	17.87	13.65	14.65	13.06	9.71	8.87

矩阵表的横栏显示:在保持城乡人口结构不变的条件下,各年度农村居民消费率受农村居民人均消费率下降的影响呈波动下降态势,说明农村居民人均消费率下降是农村居民消费率波动下降的主要内在动力。纵栏显示:在农村居民人均消费率保持不变的条件下,受农村人口占比下降的影响,各年度农村居民消费率持续波动下降,说明农村人口在总人口中的占比下降也是农村居民消费率下降的主要动力之一。

从农村居民消费率下降数值和幅度看,在以 1982 年为基准,保持城乡人口结构不变条件下,1982~2008 年农村居民人均消费率下降导致农村居民消费率下降了 19.11 个百分点,降幅是 59.74%;1996~2008 年下降 8.40 个百分点,降幅是 42.39%;2000~2008 年下降 6.09 个百分点,降幅是 32.13%;2005~2008 年下降 1.23 个百分点,降幅是 8.72%。

在保持农村居民人均消费率不变的条件下，1982~2008年农村居民人口占比下降导致农村居民消费率下降 9.95 个百分点，降幅是 31.13%；1996~2008 年下降 6.16 个百分点，降幅是 21.87%；2000~2008 年下降 3.84 个百分点，降幅是 14.84%；2005~2008 年下降 0.99 个百分点，降幅是 4.28%。通过比较可以发现，农村居民人均消费率下降导致的农村居民消费率下降的效应大于农村人口下降导致的农村居民消费率下降的效应。农村居民人均消费率下降是农村居民消费率下降的主要内在动力，而农村人口下降也是农村居民消费率下降的重要内在动力，二者共同作用推动农村居民消费率持续波动下降。

农村居民消费率影响因子矩阵分析的结论是：农村居民人均消费率下降和农村居民人口占比的持续下降是农村居民消费率下降内在的双重推动力。农村居民人均消费率下降导致的下降的效应可能大于农村人口占比下降导致的下降效应。农村居民人均消费率下降是农村居民消费率下降的主动力；农村居民人口占比下降是农村居民消费率下降的重要动力。

四 农村居民消费率影响因子效应的解构分析

农村居民人均消费率下降和农村人口在城乡人口结构中的占比持续下降是农村居民消费率下降的两个主要推动力。矩阵表显示，农村居民人均消费率下降的效应大于农村人口占比下降的效应；但各自的影响效应大小和比例同样从矩阵表中很难直接解读出来。为了分解出各自影响效应的大小，需要对导致农村居民消费率下降的影响因子做进一步的解构分析。因为时间跨度较长，对每一年份都做出分析的工作量很大，为了简化工作量同时又能反映出问题的所在，笔者选择 1982~2008 年的几个特殊年份并据此分析相应时间区间内两个影响因子的效应，具体分析数据结果如表 6-6 所示。

表6-6 农村居民消费率影响因素解构分析

年 份	1982	1985	1990	1995	1996	2000	2005	2008
农村居民消费率	31.98	30.95	24.20	17.83	18.75	15.34	10.19	8.87
2008年人均消费率	12.87	12.45	12.01	11.58	11.35	10.41	9.31	8.87
人均消费率影响	-19.10	-18.50	-12.19	-6.25	-7.40	-4.93	-0.88	—
实际下降	-23.11	-22.09	-15.34	-8.96	-9.89	-6.47	-1.32	—
人口影响	-4.01	-3.59	-3.15	-2.72	-2.48	-1.54	-0.44	—

表6-6的横栏包括农村居民消费率、2008年农村居民人均消费率标准计算的各年度农村居民消费率、2008年农村居民人均消费率相对各年份人均消费率的下降对农村居民消费率的影响、农村居民消费率实际下降数值和农村人口占比下降对农村居民消费率变化的影响。表6-6的纵栏是对各年度农村居民消费率下降的解构结果。

从表6-6中可以看出，2008年相对1982年，农村居民消费率下降共23.11个百分点。其中，农村居民人均消费率下降导致农村居民消费率下降19.10个百分点；农村人口占比下降导致农村居民消费率下降4.01个百分点。1982~2008年，农村居民人均消费率下降是农村居民消费率下降的主要动因。

1990~2008年，农村居民消费率总共下降15.34个百分点。其中，农村居民人均消费率下降导致农村居民消费率下降12.19个百分点；农村人口占比下降导致农村居民消费率下降3.15个百分点，人均消费率下降依然是农村居民消费率下降的主要原因。1996~2008年下降了9.89个百分点，其中农村居民人均消费率下降导致农村居民下降4.93个百分点；农村人口占比下降引致农村居民消费率下降2.48个百分点。2000~2008年和2005~2008年与以上分析类似，都可以得出相似的结论，即农村居民消费率下降的主要推动力是农村居民人均消费率下降；农村人口下降也是农村居民消费率下降的重要动力。农村居民消费率在农村居民人均消费率下降和农村人口占比下降的双重推力的作用下持续下降。

第七节 居民消费率波动下降的影响因子分析

一 居民消费率影响因子分解

居民消费率是居民最终消费支出与 GDP 的比值，反映的是居民消费支出在总产出中的结构占比情况，其表达式是：

$$c_p = \frac{C}{GDP} \tag{6-5}$$

其中，c_p 为居民消费率；C 为居民消费支出。居民人均消费率是居民人均消费支出占人均 GDP 的比值，反映的是居民人均消费在人均总产出中的结构占比情况，其影响因子分解表达式可以表示为：

$$c_{ap} = \frac{c_{pa}}{GDP_a} = \frac{\frac{C}{p}}{\frac{GDP}{p}} = \frac{C}{GDP} = c_{acp} \times \frac{p_c}{p} + c_{agp} \times \frac{p_g}{p} = c_{cp} + c_{gp} \tag{6-6}$$

其中，c_{ap} 为居民人均消费率；c_{acp} 为城镇居民人均消费率；c_{agp} 为农村居民人均消费率；$\frac{p_c}{p}$ 为城镇人口占比；$\frac{p_g}{p}$ 为农村人口占比。依据居民消费率和居民人均消费率的计算公式，可以推出居民消费率与居民人均消费率相等，即

$$c_p = c_{cp} + c_{gp} = c_{ap} = c_{acp} \times \frac{p_c}{p} + c_{agp} \times \frac{p_g}{p} \tag{6-7}$$

居民消费率影响因子的分解式反映了居民消费率等于城镇居民消费率与农村居民消费率的和，并在数值上等于居民人均消费率。居民人均消费率等于城镇居民人均消费率及其人口占比的乘积与农村居民人均消

153

费率及其占比乘积的加总。这说明中国居民消费率与城镇居民消费率和农村居民消费率一样，也受居民人均消费率和城乡人口结构变化的影响，其直接影响因素是城镇居民消费率和农村居民消费率；间接影响因素是城镇居民人均消费率及其在城乡居民人口结构中的占比和农村居民人均消费率及其在城乡居民人口结构中的占比。

从影响因素层面分析来看，城镇居民消费率和农村居民消费率是居民消费率构成变动和居民消费率变动的直接原因，直接影响居民消费率的构成变化和变动方向。如果农村居民消费率不变，城镇居民消费率提高，那么，城镇居民消费率占比将提高，居民消费率将会上升；反之则下降。同样，如果城镇居民消费率保持不变，农村居民消费率的下降会引致农村居民消费率占比下降，居民消费率数值下降；反之则提高。如果二者同时下降或提高，但变动的幅度不同，居民消费率数值必然发生同方向的变化，居民消费率结构随之调整。如果二者变动方向相反，那么，居民消费率的变化取决于各自变动的大小和幅度，居民消费率结构也发生相应的调整。多年来，中国城镇居民消费率波动上升，农村居民消费率波动下降，并且在2000年以前城镇居民消费率波动上升的数值小于农村居民消费率波动下降的数值，居民消费率表现为波动下降；2000年以后城镇居民消费率和农村居民消费率双双下降导致居民消费率下降加快。

从居民消费率影响因子的层面分析，城镇和农村人均消费率及其人口占比是居民消费率的四个决定性因素。在城乡二元结构体制下，城镇居民人均消费率远远大于农村居民人均消费率；城乡人口结构变化的直接效应是提高城镇居民消费率，降低农村居民消费率，但城乡人口结构变动对城镇居民消费率的提高效应大于农村居民消费率的下降效应是居民消费率下降的抑制性因素。城乡居民人均消费率波动下降导致居民人均消费率波动下降是居民消费率下降的内在动力。整体上，城乡人口结构的变化有利于居民提高消费率或者抑制居民消费率的下降。而城镇居民和农村居民人均消费率下降都会导致居民消费率的下降；如果二者同时下降，会加快居民消费率的下降。

总之，从居民消费率的影响因素看，城乡居民人口结构的调整是居民消费率提高的主要动力；而城乡居民人均消费率下降是居民消费率下降的主动力。在城乡人口结构调整和城乡居民人均消费率变化的共同作用下，居民消费率波动变化。如果城乡人口结构调整的效应大于城乡居民人均消费率变化的效应，居民消费率上升，反之，居民消费率则下降。

二 居民消费率影响因子分解分析

居民消费率受城乡人口结构变化和城乡居民人均消费率的共同影响。为分析各自的影响效应，在城乡居民消费率影响因子分析矩阵表的基础上，构建居民消费率影响因素矩阵表（见表6-7）。矩阵表横栏表示以该年度城乡人口结构为基准计算出的各年度的居民消费率，反映的是居民人均消费率变化对居民消费率变动的影响；纵栏是以各年度城乡居民人均消费率为基准计算出的各对应年度的居民消费率，反应的是人口结构变化对居民消费率的影响。具体结果如表6-7所示。

表6-7 居民消费率影响因素矩阵

	年度	1982	1985	1990	1995	1996	2000	2005	2008
		人口结构不变							
人均消费率不变	1982	51.93	50.44	45.66	39.50	40.01	37.11	27.64	25.11
	1985	53.32	51.64	47.22	41.25	41.61	38.70	28.83	26.18
	1990	54.78	52.90	48.85	43.09	43.27	40.37	30.08	27.31
	1995	56.19	54.13	50.44	44.88	44.90	42.00	31.30	28.40
	1996	56.97	54.80	51.31	45.86	45.79	42.89	31.96	29.00
	2000	60.06	57.48	54.77	49.76	49.33	46.44	34.61	31.39
	2005	63.71	60.65	58.86	54.36	53.51	50.62	37.74	34.20
	2008	65.16	61.90	60.49	56.19	55.17	52.28	38.99	35.32

表6-7的横栏显示的是在各年度人口结构不变的条件下,受相应年度城乡居民人均消费率下降的影响,居民消费率波动下降的情况。以1982年人口结构标准为例,受居民人均消费率下降的影响,2008年居民消费率相对1982年下降26.82个百分点,降幅是51.64%;相对1990年下降20.55个百分点,降幅是55%;相对1996年下降14.90个百分点,降幅是37.24%;相对2000年下降12个百分点,降幅是32.33%;相对2005年下降2.53个百分点,降幅是9.15%。其他各年度居民消费率变化与1982年人口标准类似。各年度居民消费率变化具有共同的特点,即保持城乡人口结构不变时,居民消费率在居民人均消费率下降的带动下表现为下降。

表6-7的纵栏表示在人均消费率不变的条件下,人口结构变化对居民消费率的影响。可以看出,随着城乡居民人口结构的调整,各年度居民消费率不断提高。以2008年城乡居民人均消费率基准为例,2008年城乡居民人口结构下的居民消费率相对1982年城乡居民结构下的居民消费率提高10.21个百分点,提高幅度是40.67%;相对1990年提高8.01个百分点,提高幅度是29.35%;相对1996年提高6.32个百分点,提高幅度21.80%;相对2000年提高3.93个百分点,提高幅度是12.54%;相对2005年提高1.12个百分点,提高幅度是3.27%。其他年度人口结构变化对居民消费率的影响与2008年类似,各年度居民消费率的变化表现出共同的特点,即保持居民人均消费率不变时,随着城市化进程的推进和城乡居民人口结构的调整,居民消费率不断提高。

通过以上对居民消费率影响因素的矩阵分析可知,居民人均消费率下降是居民消费率下降的主要动力;而伴随城镇化的城乡居民人口结构的调整是居民消费率提高或抑制居民消费率下降的主要动力。对横向居民人均消费率的下降效应和纵向城乡人口结构调整的居民消费率增加的效应进行比较分析可以得出,居民人均消费率下降对居民消费率的下降效应大于城乡居民人口结构变化对居民消费率的提高效应，这是导致中国居民消费率持续波动下降的内在主要原因。

三 居民消费率影响因子效应解构分析

通过居民消费率影响矩阵分析可知，居民人均消费率下降是居民消费率下降的内在主要动力；而城乡人口结构调整是居民消费率提高或者居民消费率下降的主要内在抑制力量。在居民人均消费率下降和城乡居民人口结构调整的共同作用下居民消费率呈现出波动变化特征：就具体选择分析的年份看是波动下降，但居民消费率变动基本是整体波动下降。这表明居民人均消费率下降导致居民消费率下降的效应大于城镇居民人口增加导致居民消费率提高的效应。为了具体分析这两个因素各自的影响效应的大小，需要我们对其进行解构分析，具体分析过程和结果如表6-8所示。

表6-8 居民消费率影响因子解构分析

年 份	1982	1985	1990	1995	1996	2000	2005	2008
居民消费率	51.93	51.64	48.85	44.88	45.79	46.44	37.74	35.32
2008年人均消费率不变	25.11	26.18	27.31	28.40	29.00	31.39	34.20	35.32
人均消费率下降的影响	-26.82	-25.46	-21.54	-16.48	-16.79	-15.05	-3.54	0.00
实际变化	-16.61	-16.32	-13.52	-9.55	-10.46	-11.11	-2.42	0.00
人口结构影响	10.21	9.14	8.02	6.92	6.32	3.94	1.12	1.12

居民消费率影响因素解构分析的结果显示，选取年份人均消费率对居民消费率的下降效应均大于城乡人口结构调整对居民消费率的提高效应。2008年相对1982年居民人均消费率下降导致居民消费率下降26.82个百分点，降幅是51.64%；城乡结构变化导致居民消费率提高10.21个百分点，增幅是19.66%。居民人均消费率下降的效应大于城乡人口结构变动的提高效应，居民消费率下降16.61个百分点。其他年

份的分析类似，2008年居民消费率相对1990年居民人均消费率下降导致居民消费率下降21.54个百分点；城乡人口结构调整导致居民消费率提高8.02个百分点；居民消费率下降13.52个百分点。相对1996年居民人均消费率下降导致居民消费率下降16.79个百分点；城乡人口结构调整导致居民消费率提高6.32个百分点。相对2000年人均消费率下降导致居民消费率下降15.05个百分点，城乡人口结构变化导致居民消费率提高3.94个百分点，居民消费率下降11.12个百分点。相对2005年居民人均消费率下降导致居民消费率下降3.54个百分点，城乡人口结构调整导致居民消费率提高1.12个百分点，居民消费率下降2.42个百分点。可以看出，各年份居民人均消费率的下降效应都大于城乡人口结构调整的提高效应，因此，居民人均消费率下降是居民消费率下降的内在主动力，城乡人口结构调整是居民消费率下降的内在抑制性因素。由于居民人均消费率下降的消费效应大于城乡人口结构调整的消费提高效应，因此，在二者的复合作用下居民消费率表现为持续波动下降的现状。

四 居民消费率影响因子综合解构分析

居民消费率直接受城镇居民消费率和农村居民消费率变化的影响；间接受城乡居民人均消费率和城乡人口结构变化的影响。城乡人口结构变化首先影响城乡居民消费率，城乡居民消费率的变化进一步影响居民消费率。城乡居民人均消费率更接近城乡居民个体的消费能力和消费水平的真实情况，其变化首先反映城乡居民个体的消费能力和消费水平的变化。然后，通过城乡居民消费率变动传递到居民消费率，反映出居民整体的消费能力和消费水平。因此，考察城乡居民人均消费率的变化和城乡人口结构变化对居民消费率的影响效应更能揭示居民消费率下降的真实成因。在以上分析的基础上，进一步对居民人均消费率和城乡人口结构变化对居民消费率的影响效应进行分析，综合解构分析结果见表6-9。

表 6-9 居民消费率影响因子效应综合解构分析

单位：%

年　　份		1982	1985	1990	1995	1996	2000	2005	2008
居民消费率		19.95	20.69	24.64	27.05	27.03	31.10	27.55	26.46
居民消费率变动		-16.61	-16.32	-13.52	-9.55	-10.46	-11.11	-2.42	0.00
人均消费率影响	城镇居民	-7.72	-6.96	-9.35	-10.23	-9.38	-10.12	-2.65	0.00
	农村居民	-19.10	-18.50	-12.19	-6.25	-7.40	-4.93	-0.88	0.00
人口结构影响	城镇居民	14.22	12.73	11.16	9.64	8.80	5.48	1.56	0.00
	农村居民	-4.01	-3.59	-3.15	-2.72	-2.48	-1.54	-0.44	0.00

表 6-9 显示，城镇居民人均消费率下降是城镇居民消费率下降的主要内在动力，城镇人口占比提高是城镇居民消费率提高的主要内在原因。2000 年以前，城镇人口增加的消费效应大于城镇居民人均消费率下降的消费效应，城镇居民消费率表现为波动上升。2000 年以后，城镇居民人均消费率下降的消费效应大于城镇居民人口占比提高的效应，城镇居民消费率开始下降。农村居民人均消费率下降是农村居民消费率下降的内在主要推动力，农村人口占比不断降低进一步推动农村居民消费率下降；在这双重下降推动力的作用下，农村居民消费率整体快速下降。

居民人均消费率在城乡居民人均消费率下降的推动下具有下降的内在动力；但由于城镇人口占比提高的消费效应一直大于农村人口占比下降的消费效应，城乡人口结构变化是推动居民消费率提高或抑制居民消费率下降的内在主要动力。整体上，在居民人均消费率的下降效应大于城乡人口结构调整的消费增加效应的综合作用下，居民消费率表现为波动下降。以 2008 年相对 1982 年居民消费率的变化分析为例，在保持城乡人口结构占比不变的条件下，1982～2008 年，城镇居民人均消费率下降导致城镇居民消费率下降 7.72 个百分点，农村居民人均消费率下降导致农村居民消费率下降 19.10 个百分点。城乡居民人均消费率下降的总效应是 26.82 个百分点。城乡人口结构变化引致城镇居民消费率提

高 14.22 个百分点，农村居民消费率下降 4.01 个百分点。城乡人口结构变化导致居民消费率提高 10.21 个百分点。在城乡居民人均消费率下降和城乡人口结构调整的共同作用下，2008 年相对 1982 年居民消费率下降 16.61 个百分点。

对其他年份的分析与 1982 年的情况相似：城乡居民人均消费率下降导致城乡居民消费率下降，农村居民消费率下降的数值大于城镇居民；受城乡居民人均消费率下降的双重压力，居民消费率下降动力增强。城乡人口结构的变化带动城镇居民消费率的提高，同时，导致农村居民消费率下降；但城镇居民消费率的增加大于农村居民消费率的下降；在城乡居民消费率反向变化的作用下，城镇人口增加的消费效应减弱。整体上，城乡居民人均消费率下降的消费效应大于城乡人口结构调整的消费率提高效应，居民消费率表现为波动下降。

本章小结

居民消费率变化受城乡居民消费率变动的影响，是城乡居民消费率变动综合效应的结果。城乡居民人均消费率和城乡居民人口结构调整是影响城乡居民消费率的决定性因素。城乡居民人均消费率下降是城乡居民消费率下降的主要动力，也是居民消费率下降的主要原因。城乡人口结构调整推动城镇居民消费率提高，同时促使农村居民消费率下降；城镇居民消费率提高的效应大于对农村居民消费率的下降效应，是居民消费率下降的抑制性因素。具体来看，城镇居民人均消费率的下降效应在 2000 年以前小于城镇人口增加的效应，城镇居民消费率表现为波动上升；2000 年以后，城镇居民人均消费率下降的消费效应大于城镇人口增加的消费效应，城镇居民消费率开始表现为持续下降。农村居民人均消费率1984年以来持续波动下降，是农村居民消费率下降的主要动力；同时，农村人口占比不断下降，是农村居民消费率下降的另一个重要原因。在农村居民人均消费率波动下降和农村人口在总人口中的占比不断下降的共同作用下，农村居民消费率表现为持续波动下降。居民消费率在城镇居民消费率和农村居民消费率变动的综合作用下，整体呈波动下降态势，特别是2000年以后表现为持续下降。总之，居民消费率波动下降影响因子解构分析的结论是城乡居民人均消费率下降是居民消费率下降的主动力，是居民消费率下降的主要原因；城乡人口结构调整是居民消费率提高的主动力，是居民消费率下降的抑制性因素。在居民人均消费率下降和城乡人口结构调整的综合作用下，居民消费率整体呈波动下降态势。

第七章　城乡居民人均消费率波动下降的成因分析

在考虑人口因素后，中国的消费问题表现为在积累庞大消费能力的同时居民人均消费率波动下降，巨大的消费能力得不到有效的释放。城乡居民人均消费率波动下降成为居民消费率波动下降的内在主要动力，也是居民消费率波动下降的主要原因；而城乡居民消费率波动下降是中国消费率波动下降的主要原因。从分析的结论看，消费率下降的传导机理基本上是城乡居民人均消费率波动下降导致居民消费率波动下降，居民消费率下降导致消费率波动下降。因此，影响居民人均消费率下降的因素才是中国消费率下降的根本原因。本章重点研究居民人均消费率波动下降的影响因素，即导致中国消费率波动下降的根源。

第一节　居民人均消费率的影响因素

依据上文分析过程中给出的关于各项人均消费率的概念以及经典消费函数理论，城乡居民以及居民人均消费率取决于人均GDP、人均可支配收入和人均消费支出。经济社会的人均产出能力由生产技术水平和投入要素共同决定，随着生产技术水平的提高和生产要素投入量的增加，人均产出能力不断提高，人均产出量不断增加。人均可支配收入由人均产出量和分配方式决定，随着人均产出的增加，人均可支配收入提高，但提高的数量和速度取决于社会分配方式和分配制度。人均消费支出取决于人均可支配收入和人均消费意愿；人均可支配收入提高为增加消费支出提供了基础，但实际消费支出能否提高还受居民消费意愿的影响。居民消费意愿是由消费欲望、消费环境、消费习惯和消费文化等多种因素决定的变量。为了分析居民人均消费率波动下降的成因，笔者依据经典消费理论给出居民人均消费率的表达式，并根据中国的历史实际数据进行分析。

一　居民人均消费率影响因素表达式

居民人均消费率在概念上是居民人均消费支出与人均 GDP 的比值。由于人均消费率由人均可支配收入、人均消费支出以及人均 GDP 相互影响、共同决定，居民人均消费率的计算公式为：

$$c_{ap} = \frac{C_{ap}}{Y_{ap}} = \frac{C_{ap}}{Y_{adp}} \times \frac{Y_{adp}}{Y_{ap}} \tag{7-1}$$

其中，c_{ap} 为居民人均消费率；C_{ap} 为居民人均消费支出；Y_{ap} 为人均产出（人均 GDP）；Y_{adp} 为居民人均可支配收入。

式 7-1 表明：影响居民人均消费率的三个因素（居民人均消费支出、人均 GDP 和人均消费支出）经过变形处理可以分解为两个影响因子，即居民人均可支配收入与人均 GDP 的比和人均消费支出与人均可支配收入的比。这两个因子是由经济社会分配制度和居民消费意愿决定的。通过居民人均消费率的因子分解分析可以探求居民消费率波动下降的经济原因和社会制度原因，即居民消费率波动下降的根源。

二　城镇居民人均消费率影响因素表达式

城镇居民人均消费率是城镇居民人均消费支出与人均 GDP 的比值，

由城镇居民人均可支配收入、城镇居民人均消费支出以及人均 GDP 相互影响、共同决定。依据它们之间的相互关系,其计算公式表达式可分解为:

$$c_{acp} = \frac{c_{acp}}{Y_{acp}} = \frac{c_{acp}}{Y_{acdp}} \times \frac{Y_{acdp}}{Y_{ap}} \quad (7-2)$$

其中,c_{acp} 为城镇居民人均消费支出;Y_{acdp} 为城镇居民人均可支配收入;Y_{acp} 为人均 GDP。

式 7-2 表明,影响城镇居民人均消费率的三个因素可以分解为城镇居民人均消费支出与城镇居民人均可支配收入的比和城镇居民人均可支配收入与人均 GDP 的比两个影响因子。通过分析这两个影响因子可以探求城镇居民消费率波动下降的成因。

三 农村居民人均消费率影响因素表达式

农村居民人均消费率是农村居民人均消费支出与人均 GDP 的比值,由农村居民人均消费支出、农村居民人均可支配收入(纯收入)及人均 GDP 三个因素相互影响、共同决定。其表达式为:

$$c_{arp} = \frac{c_{arp}}{Y_{arp}} = \frac{c_{agp}}{Y_{ardp}} \times \frac{Y_{ardp}}{Y_{ap}} \quad (7-3)$$

其中,c_{arp} 为农村居民人均消费支出;Y_{ardp} 为农村居民人均可支配收入;Y_{arp} 为人均 GDP。

同样,农村居民人均消费率表达式表明,影响农村居民人均消费率的三个因素也同样可以分解成两个影响因子,即农村居民人均消费支出与农村居民人均可支配收入的比值和农村居民人均可支配收入与人均 GDP 的比值。分析影响农村居民人均消费率的三个影响因素和两个影响因子可以探求农村居民人均消费率的成因。

通过居民人均消费率的计算表达式可以看出,人均消费支出、人均可支配收入和人均 GDP 是决定人均消费率的三个因素；通过分解可以表达成人均消费支出与人均可支配收入的比和人均可支配收入与人均 GDP 的比的乘积。下面我们通过对影响居民人均消费的三个因素和两个分解因子的分析探求居民人均消费率下降的成因。

第二节 居民人均消费率波动下降的成因

居民人均消费率在构成上包括城镇居民人均消费率和农村居民人均消费率，在数值上等于城镇居民人均消费率与城镇人口占比的乘积加上农村居民人均消费率与农村人口占比的乘积。这说明居民人均消费率受城乡居民人口结构和城乡居民人均消费率的共同影响。前面章节的分析已经表明，城乡人口结构的变化是居民人均消费率下降的抑制性因素，而城乡居民人均消费率下降是居民人均消费率下降的主要原因，因此，本节重点分析城乡居民人均消费率下降的成因。

一 城镇居民人均消费率下降的成因

（一）城镇居民人均消费率下降的影响因素分析

1978~2008 年，中国人均国内生产总值由 381.2 元提高到 22698 元，年均增长 8.7%，是 1978 年不变价格的 11.92 倍。城镇居民人均可支配收入由 343.4 元提高到 15780.76 元，年均提高 7.32%，相对 1978 年不变价格提高 8.16 倍。城镇居民人均消费水平由 405 元提高到 13526 元，年均增长 6.34%，相对 1978 年不变价格提高 6.41 倍。从数据均值整体比较看，城镇居民人均可支配收入增速小于人均国内生产总值增速；城镇居民人均消费水平增速小于城镇居民人均可支配收入增速。这初步显示出中国经济在发展过程中，城镇居民消费能力提高的速度小于经济发展的速度；同时，城镇居民实际消费支出增长的速度也低于消费能力提高的速度。1978～2008年城镇居民人均消费率影响因素增速变动如图7-1所示。

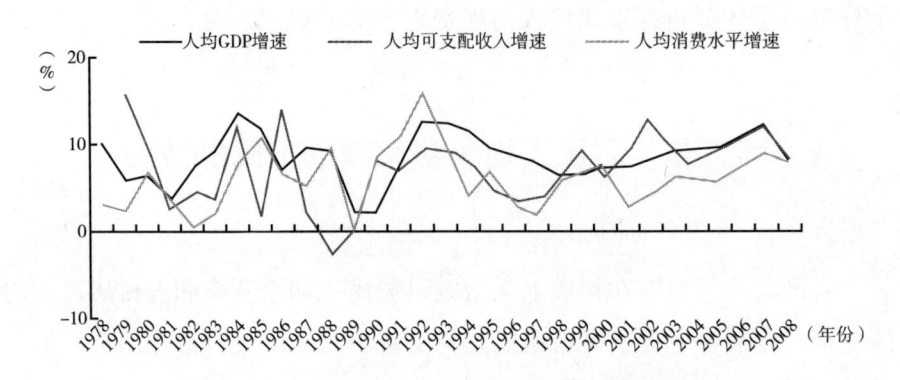

图7-1 城镇居民人均消费率影响因素增速变动

从图7-1中可以看出，一是城镇居民人均可支配收入增长与经济增长相互影响，并且城镇居民人均消费率相对于经济增长过度敏感。经济增长速度下滑，城镇居民人均可支配收入随之下滑；经济增长提速，城镇居民人均可支配收入随之增加。同样，随着城镇居民人均可支配收入的提高，劳动参与人口增加，经济增长提速；随着城镇居民可支配收入增速的下降，劳动参与人口相应减少，经济增长放缓。从时间区间看，在1992年以前，城镇居民人均可支配收入增长对经济增长影响较大，表现在城镇居民人均可支配收入变动往往领先于经济增长的变化。1992年以后，经济增长对城镇居民人均可支配收入影响较大，表现为经济增长领先于城镇居民人均可支配收入增长。整体上，城镇居民人均可支配收入增速多数年份都低于经济增速。20世纪80年代以来，除个别年份（1986年、1999年、2002年）外，城镇居民人均可支配收入均低于人均国内生产总值增速，年均偏低1.38个百分点。二是城镇居民人均消费支出相对人均可支配收入增速的变动反映迟滞且不对称。城镇居民人均可支配收入增速提高会使下一年人均消费支出增速加快,相反,会带动城镇居民消费支出增速快速下降。消费支出对可支配收入增加的反应较快,对下降的效应反应迟滞。整体上城镇居民人均消费水平增速小于可支配收入增速,年均偏低0.98个百分点。三是人均消费支出增速变动滞后人均GDP增速的变动,并且对人均GDP增速反应不对称,即对人均GDP增速提高反应迟滞;对人均GDP增速下降反应敏感。这表现为多数年份在人均GDP增速提高时,人均消费支出增加,但增加的速度低于人均GDP增速;在人均GDP增速下降时,人均消费支出会随之下降,但下降的速度大于人均GDP下降的速度。整体上,城镇居民人均消费支出相对经济增长增速年均偏低2.61个百分点。

总之,城镇居民人均消费率受人均GDP增速、人均可支配收入增速和人均消费支出增速三个因素的共同影响。在城镇居民人均可支配收入增速大于经济发展增速以及城镇居民人均消费支出增速大于人均可支配收入增速时,城镇人均消费率可能提高;相反,则下降。中国城镇居民消费率在城镇居民人均可支配收入增速相对人均GDP增速偏低和城镇居民人均消费支出增速相对人均可支配收入增速偏低的双重因素的作用下,城镇居民人均消费率波动下降。1995年以来,在城镇居民人均可支配收入增速相对经济增长增速偏低和城镇居民人均消费支出相对人均可支配收入增速偏低的作用下,城镇居民人均消费率下降速度较快,下降幅度较大,呈波动下降态势,特别是2000年以来呈持续下降的局面。

(二) 城镇居民人均消费率的影响因子分析

城镇居民人均消费率的表达式表明,影响城镇居民人均消费率的三个因素可以分解为两个影响因子,即城镇居民人均可支配收入与人均GDP的比值和城镇居民人均消费支出与人均可支配收入的比值;二者的乘积在理论上等于城镇居民人均消费率。为了便于分析，直接采用《中国统计年鉴》中的人均国内生产总值、城镇居民家庭人均可支配收入和城镇居民人均消费水平作为分析时的人均 GDP、人均可支配收入和人均消费支出数据。这样处理后得到影响城镇居民人均消费率的三个影响因素。然后，根据他们之间的关系分别计算出城镇居民人均可支配收入占人均 GDP 的比和城镇居民人均消费倾向，进而计算出城镇居民人均消费率。1978～2008 年，由三者的关系决定的人均可支配收入占比、人均消费倾向和人均消费率的变动及其关系见图 7-2。

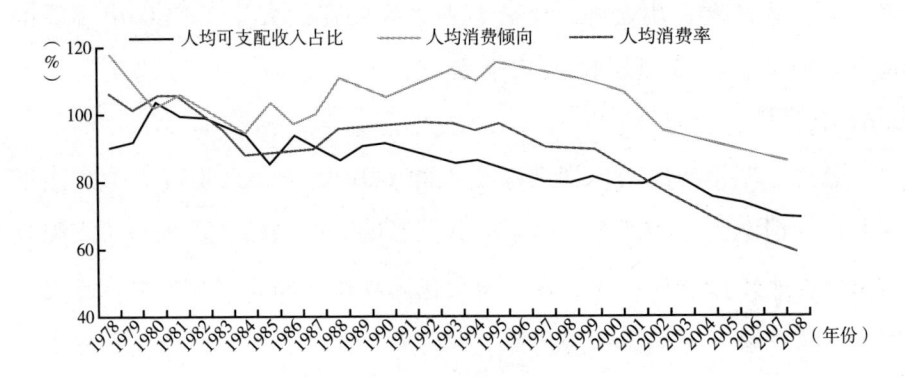

图 7-2 城镇居民人均消费率影响因子变动

图 7-2 显示，城镇居民人均可支配收入占比从 1980 年开始波动下降，由 1980 年的 103.10% 降到 2008 年的 69.52%，下降 33.58 个百分点，降幅是 32.56%。从下降的时间区间看，1980～1985 年属于第一个下降区间，下降了 16.94 个百分点，占总降幅的 50.45%。1985～1990 年属于波动调整阶段。1990～2001 年是第二个下降阶段，下降 12.30 个百分点，占总降幅的 36.64%。2002～2008 年下降 12.44 个百分点，占总降幅的 37.04%。城镇居民人均可支配收入在人均 GDP 中的占比经过三个阶段的波动下降，降到 2008 年占比不到 70% 的低位现状。

城镇居民人均消费倾向从变动时间区间看，在 1978～1984 年波动下降，由117.94%降到94.90%，降了23.04个百分点。1986~1995年开始波动上升，由96.93%提高到115.13%，提高了18.20个百分点。1995~2000年开始小幅下降，到2000年降到109.08%，依然处在高位。2000年以后快速波动下降，到2008年降到85.71%，相对2000年下降了23.36个百分点。可以看出，在2001年以前，中国城镇居民人均消费倾向一直在高位运行，多数年份超出人均可支配收入水平。造成这种现状的原因可能有四种可能情况：一是中国存在城乡二元经济结构，城镇居民人均可支配收入远远大于居民人均可支配收入；二是城镇居民人均可支配收入被低估；三是部分政府收入和企业收入转移到城镇居民消费领域；四是城镇居民可支配收入被低估与政府和企业收入转移到城镇居民消费的情况同时存在。我们判断城镇居民人均消费倾向处于高位是城乡二元结构和其他三种情况共同作用的结果。

在1995年以前，城镇居民人均消费倾向波动上升并一直处于高位，人均可支配收入占比波动下降。在二者相反效应的共同作用下，城镇居民人均消费率下降并不明显。1995年以后，城镇居民人均消费倾向开始持续下降，由1995年的115.13%降到2008年的85.71%，下降了29.42个百分点，降幅是25.55%。人均可支配收入占比继续波动下降，由1995年的84.88%降到2008年的69.52%，下降了15.36个百分点，降幅是18.09%。在城镇居民人均消费倾向持续下降和城镇居民可支配收入占比波动下降的共同作用下，城镇居民人均消费率呈持续下降态势，由1995年的97.73%降到2008年的59.59%，下降了38.14个百分点，降幅是39.02%。

通过城镇居民人均消费率影响因子的变化分析可知：在2000年以前，城镇居民人均消费率下降的主要动力是人均可支配收入占比波动下降；而城镇居民人均消费倾向保持高位状态是城镇居民人均消费率下降的抑制因子。1995年以后，城镇居民人均可支配收入占比和人均消费

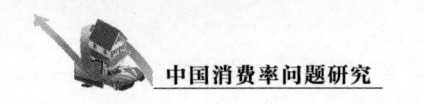

倾向都快速下降成为城镇居民人均消费率波动下降的双重动力，在二者的共同作用下，城镇居民人均消费率快速波动下降。总之，1995年以来，城镇居民人均可支配收入占比的波动下降和城镇居民人均消费倾向持续快速下降是城镇居民人均消费率下降的两个主要原因。

二 农村居民人均消费率下降的成因

（一）农村居民人均消费率下降的影响因素分析

依据农村居民人均消费率计算表达式，农村居民人均消费率由人均GDP、农村居民人均可支配收入和农村居民人均消费支出共同影响决定。在三者的关系中，人均GDP直接影响和决定农村居民人均纯收入。人均纯收入直接影响和决定农村居民人均消费支出。人均GDP通过农村居民人均纯收入间接影响和决定农村居民人均消费支出，进而决定农村居民人均消费率。1978~2008年，中国人均GDP相对1978年不变价增长16.51倍，年均增长8.4%。农村居民人均纯收入相对1978年不变价增长7.93倍，年均增长7.27%。农村居民人均消费支出相对1978年不变价增长5.72倍，年均增长6%。可见，农村居民人均纯收入和人均消费增长的速度都远远低于人均GDP增速。下面首先简要分析三者的变化速度对农村居民人均消费率的影响。

在分析农村居民人均消费率的影响因素时，依据《中国统计年鉴》采用国内生产总值中的人均国内生产总值、农村居民人均纯收入和农村居民消费水平的数据作为人均GDP、人均可支配收入和人均消费支出数据。1978~2008年农村居民人均消费率影响因素增速变化如图7-3所示。

农村居民人均消费率影响因素增速变动图显示，首先，农村居民人均纯收入增长速度在1989年以前急剧波动下降，到1989年增速为－1.6%。这说明农村居民纯收入在改革开放初期的增速很快，但由于后

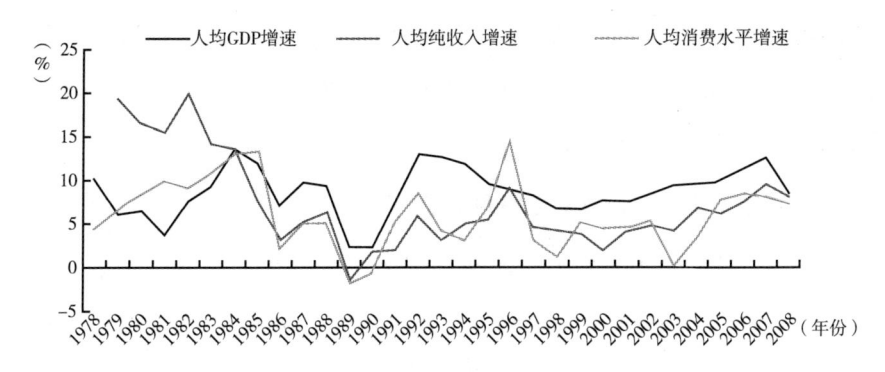

图 7-3 农村居民人均消费率影响因素增速变动

续增长动力不足，增速快速下降。1990～1996年，农村居民收入增速开始小幅波动上升，到1996年提高到9%。1996～2000年农村居民纯收入增长逐年波动下滑，到2000年降到2.10%，收入增长几乎停滞。2000年以后，农村居民收入开始波动上升，到2007年达到9.5%，2008年受国际金融危机的影响又降到8%。整体来看，农村居民收入增长速度绝大多数年份都低于GDP的增速。

1985年以前，农村居民消费水平增速不断提高，1985年增速达到13.30%的高位。1985～1989年消费支出水平增速波动下降，到1989年和1990年消费支出增速达到负值，分别是-1.7%和-0.8%，出现农村居民消费支出水平不但没有提高反而下降的局面。1990年以后增速开始波动上升，到1996年达到14.50%的高速增长。1998～2003年波动调整，2003年以后增速又开始逐年提高，到2006年达到8%以上，已经超过人均纯收入增速，但依然小于GDP增速。

1983年以前，人均GDP增速低于农村居民人均纯收入增速和人均消费支出增速。1983年以后，人均GDP增速一直大于农村居民人均纯收入增速；除1985年和1996年外均大于农村居民人均消费支出增速。而农村居民人均纯收入增速和人均消费支出增速变动比较接近，偏离趋势并不明显。据此，初步判断由农村居民人均纯收入增长速度长期低于

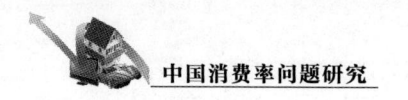

人均GDP增速造成的农村居民人均纯收入占比下降是农村居民人均消费率下降的主要原因。为了验证我们的初步判断，下面对农村居民人均消费率的决定因子进行分析。

(二) 农村居民人均消费率影响因子分析

通过对影响农村居民人均消费率的因素分析，初步判断由农村居民人均纯收入增速长期低于人均GDP增速导致的农村居民人均占比下降是农村居民人均消费率下降的主要原因。下面通过影响因子分析验证我们初步的判断。依据农村居民人均消费率计算的分解公式，农村居民人均消费率等于农村居民人均纯收入除以人均GDP与农村居民人均消费支出除以农村居民人均纯收入的乘积，即农村居民人均纯收入占比与农村居民消费倾向的乘积。1978～2008年农村居民人均消费率影响因子变化如图7-4所示。

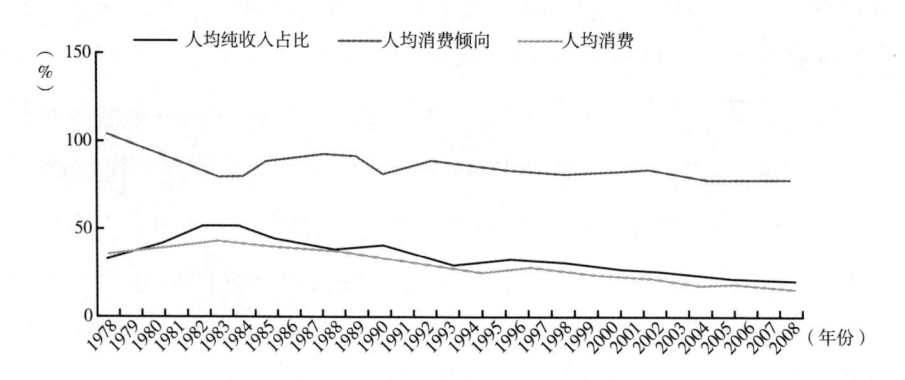

图7-4 农村居民人均消费率影响因子变化

农村居民人均消费率影响因子变化图显示，农村居民人均消费倾向多数年份都在80%以上，只是2003年以后才开始低于80%，但最低点依然高达78.86%。多年来，农村居民人均消费倾向尽管有所下降，但下降的幅度并不大，在合理的波动幅度范围内。1983年以来农村居民人均纯收入占人均GDP的比值持续波动下降，由1983年的53.17%下降到 2008 年的 20.97%，下降了 32.20 个百分点，下降幅度高达 60.55%。在人均纯收入占比下降的带动下，农村居民人均消费率 1983 年以来持续波动下降，由 1983 年的 42.90% 下降到 2008 年的 16.55%，下降了 26.35 个百分点，降幅高达 61.43%。据此，可以判断农村居民人均消费倾向依然较高，但消费能力不足，农村居民消费主要受可支配收入的约束。农村居民纯收入占比的持续波动下降是农村居民人均消费率下降的主要原因。这也验证了影响因素分析时的初步结论。

三 居民人均消费率下降的成因分析结论

通过对城镇居民和农村居民人均消费率的影响因素和影响因子的分解分析，笔者得出的结论是：对城镇居民来说，在 1995 年以前城镇居民人均可支配收入占比波动下降是城镇居民人均消费率下降的内在主要动力；而城镇居民人均消费倾向一直保持高位是城镇居民人均消费率下降的抑制性因素。1995 年以后，城镇居民人均可支配收入占比和人均消费倾向双双下滑成为城镇居民人均消费率下降的双重动力。在城镇居民人均可支配收入占比和城镇居民人均消费率下降的共同作用下，城镇居民人均消费率开始持续下降。因此，1995 年以来，城镇居民人均可支配收入占比和人均消费倾向下降是城镇居民人均消费率下降的内在的主要原因。

对农村居民来说，1983 年以来农村居民人均纯收入占比就开始持续波动下降，人均消费倾向尽管有所波动，但下降幅度并不大，基本在合理的波动范围区间内。因此，农村居民人均消费率下降内在的主要动力是农村居民人均纯收入占比长时间波动下降。人均消费倾向尽管近几年有所下降，但还在 80% 左右的高位，证明农村居民的消费支出能力主要是受收入的约束，农村居民人均消费率的下降主要是受收入不足导致的对消费能力释放的限制。

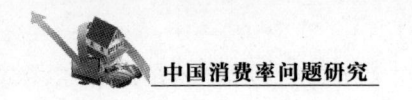

综合来看，城乡居民人均可支配收入占比的持续波动下降是城乡居民人均消费率下降的内在主要动力。对于城镇居民，1995年以来城镇居民人均消费倾向下降是城镇居民人均消费率下降的另外一个重要动力，这也是1995年以来城镇居民人均消费率下降的数值（38.14%）远远大于农村居民人均消费率下降的数值（9.47%）的原因。因此，1995年以来城乡居民人均可支配收入占比的持续下降是居民人均消费率持续下降的主要原因；城镇居民人均消费倾向下降是居民人均消费率下降的另外一个重要原因；而农村居民人均消费倾向下降只是居民消费率下降的次要原因，其影响效应几乎可以忽略。

第三节 居民人均可支配收入占比下降的成因分析

通过上文对居民人均消费率影响因素和因子的分解分析得出居民人均消费率由人均可支配收入、人均消费支出和人均GDP共同影响决定。在这三个要素中，人均GDP衡量的是经济社会中在一定时期内的人均产出能力，反映的是经济社会整体发展水平。人均可支配收入衡量的是经济体中的人均消费能力的基础，反映的是劳动、资本和政府的收入分配结构情况。人均消费支出衡量的是经济体中的人均实际消费能力，是基于人均可支配收入的消费和储蓄决策的结果，反映的是经济体的人均消费意愿。以上分析证明1995年以来人均可支配收入占比持续波动下降是居民人均消费率下降的主要原因；城镇居民人均消费率倾向下降是居民人均消费率下降的另外一个主要原因。人均可支配收入占比的持续波动下降的原因表面上是人均可支配收入的增速小于人均GDP的增速，但深层次的原因是经济发展过程中的收入分配制度。城镇居民人均消费倾向下降的原因表面上是城镇居民人均消费支出的增速小于城镇居民人均可支配收入的增速，但深层次的原因是一系列社会制度改革的结果。下面将从收入分配和制度变革的角度分析20世纪90年代以来中国居民人均可支配收入占比下降的成因，探求城乡居民人均消费率下降的制度变革和社会根源。

一 收入分配制度

收入分配是指一国在一定时期内经济活动成果在各经济主体之间的分配，包括初次分配、再分配和最终分配三个过程。初次分配是国民收入在物质生产领域内部进行的分配。国内生产净增加值经过初次分配，一部分以劳动报酬的形式形成劳动者的个人收入，是居民生活和消费的基础；另一部分以生产税和营业盈余的形式形成国家税收和企业资本利得。初次分配形成了国家、企业或集体、物质生产部门、劳动者的原始收入，直接关系到国家、生产单位和劳动者个人三方面的经济利益，并在很大程度上决定了消费和投资比例的基础。再分配是指在初次分配的基础上在全社会范围内以经常转移的形式进行的再一次分配。通过再分配形成生产单位、非生产单位、政府和居民的可支配收入。再分配调节的主要形式有：收入税、社会保险、社会福利、社会补助以及其他转移支付等。可支配收入最终分配到投资和消费两个方面的过程属于最终分配过程，决定经济增长的快慢和生活水平提高的速度，也是消费和投资的决定过程。我们依据国家统计局1999～2008年《中国统计年鉴》的资金流量表（实物交易部分），重点考察1992～2007年中国的收入分配结构变化及其对消费率的影响，探求收入分配对消费率波动下降的影响。

二 中国初次分配要素收入结构分析

（一）初次分配要素结构分析

在市场经济条件下，获得组织生产所需的要素必须支付一定的报酬，这种报酬形成要素提供者初次分配收入。初次分配是在生产内部进行的基础性分配，解决的是资本所有者、劳动所有者以及政府的利益关系。一般来说，衡量国民收入初次分配是否公平的主要指标是分配率，即劳动者报酬总额占国内生产总值的比重。劳动者的报酬总额占GDP的比重越高，说明国民收入的初次分配越公平。为了考察我国的初次收入分配情况，笔者依据资金流量表（实物交易部分）分析1992~2007年生产净增加值在要素和部门之间的分配结构变化。依据《中国统计年鉴》（1996~2009年）资金流量表（实物交易）中的统计数据，笔者经过计算处理得到我国1992~2007年的要素初次分配及其结构情况（见表7-1）。

表7-1 要素初次收入分配结构

年份	净增加值 绝对数（亿元）	总收入 绝对数（亿元）	劳动者报酬(亿元) 绝对数	占比(%)	生产税(亿元) 绝对数	占比(%)	资本收益(亿元) 绝对数	占比(%)
1992	26638.10	26651.83	15959.60	59.91	3495.32	13.12	7183.18	26.97
1993	34634.40	34560.48	19633.60	56.69	4979.49	14.38	10021.31	28.93
1994	46759.40	46670.12	26645.10	56.98	6378.62	13.64	13735.68	29.38
1995	58478.10	57494.88	33660.00	57.56	7777.82	13.30	17040.28	29.14
1996	67884.60	66850.56	39279.50	57.86	10095.63	14.87	18509.47	27.27
1997	74462.60	73142.02	43716.50	58.71	11248.89	15.11	19497.21	26.18
1998	78345.20	76967.31	46007.70	58.72	12724.34	16.24	19613.16	25.03
1999	82067.50	80579.22	48953.77	59.65	13869.00	16.90	19244.73	23.45
2000	89468.10	88288.62	53281.37	59.55	14701.68	16.43	21485.05	24.01
2001	97314.80	95726.93	56963.30	58.54	17281.30	17.76	23070.20	23.71
2002	105172.00	103936.03	62524.27	59.45	17834.18	16.96	24813.55	23.59
2003	117390.20	116741.97	69137.80	58.90	20633.46	17.58	27618.94	23.53
2004	159878.33	159587.11	75199.46	47.04	23866.40	14.93	60812.57	38.04
2005	183217.50	184088.70	92675.40	50.58	29755.00	16.24	60787.10	33.18
2006	211923.50	213131.80	105211.00	49.65	35674.00	16.83	71038.50	33.52
2007	257305.60	259258.90	124839.50	48.52	45622.19	17.73	86843.91	33.75
增长	8.66	8.72	6.82	—	12.05	—	11.09	9.66
均值	—	—	—	56.14	—	15.75	—	28.10

资料来源：根据《中国统计年鉴》（1996~2009年）计算整理。

表7-1显示,1992~2007年中国实物生产净增加值绝对数按当年价格计算16年增长8.66倍;初次分配总收入增长8.72倍;劳动者报酬增长6.82倍;生产税增长12.05倍;资本收益增长11.09倍。劳动报酬在初次分配结构中增长最慢,是生产净增加值增长的80%,是生产税增长的60%,是资本收益增长的64%。这说明20世纪90年代以来,中国的初次收入分配在绝对数上不利于劳动要素提供者,有利于资本提供者和政府;也说明中国经济增长的最大受益者是资本所有者;政府在经济增长过程中也获得较大的收益;劳动者在对经济增长做出较大贡献的同时却是最小的受益者,是收入分配利益关系中的最弱势者。

劳动者、政府和资本所有者在收入分配过程中长期存在的增长速度差异导致中国分配结构发生了变化。从各要素收入构成的占比看,劳动者报酬占比波动下降,1993~1999年劳动报酬占比处于波动上升阶段,由56.69%提高到59.65%,增加近3个百分点;1999~2007年处于波动下降阶段,先由59.65%下降到2004年的47.04%,下降12.61个百分点,然后经2005年小幅调整回升到2007年,再次下降到48.52%。1992~2007年劳动者报酬占比总共下降了12.13个百分点,降幅是20.3%。在此期间,生产税提高了4.6个百分点,增幅是32.99%;资本收益提高6.5个百分点,增幅是38.30%。

总之,20世纪90年代以来,在1999年以前初次分配要素收入还有利于劳动者,但其后劳动者报酬增幅减慢,其占比也波动下降。特别是2003年以来,劳动报酬占比快速下降,形成劳动者报酬在初次分配结构中低于50%的现状。劳动收入是城乡居民收入的主要来源,是社会消费能力的基础和主要支撑。初次分配中劳动报酬增速相对净增加值增速偏低导致其在初次分配结构中占比下降;相对政府税收和资本收益增速偏低导致初次收入分配结构变化。在收入分配制度上,劳动报酬收入占比下降，同时，生产税和企业资本收益占比提高是导致居民人均可支配收入占比下降，进而导致居民人均消费率波动下降的制度根源之一。

（二）初次分配部门结构分析

初次收入分配在部门结构上包括非金融企业、金融机构、政府和住户部门。非金融企业具有再生产和扩大再生产职能，需要投资或扩大投资资本的支持。金融机构是为非金融企业提供生产融资服务的生产服务部门。非金融企业和金融机构合称为企业部门，它们只从事组织投资生产而不参与社会消费。政府和住户既参与生产也是社会消费的主体。初次分配形成的收入是社会消费能力形成的基础，部门间初次收入分配结果是影响最终消费率的根源。分析初次收入分配结构的变化可以探求消费率变化的根本原因。1992~2007年，中国初次分配部门收入结构见表7-2。

表7-2 中国初次分配部门收入结构

年份	企业部门 数额(亿元)	占比(%)	政府部门 数额(亿元)	占比(%)	住户部门 数额(亿元)	占比(%)	国内合计 数额(亿元)	占比(%)
1992	5080.6	19.06	4138.3	15.53	17432.9	65.41	26651.8	100
1993	7123.1	20.61	5815.0	16.83	21622.4	62.56	34560.5	100
1994	9168.5	19.65	7588.4	16.26	29913.2	64.10	46670.1	100
1995	11565.1	20.12	8705.4	15.14	37224.4	64.74	57494.9	100
1996	11522.5	17.24	10381.5	15.53	44946.6	67.23	66850.6	100
1997	13250.9	18.12	11829.7	16.17	48061.4	65.71	73142.0	100
1998	13489.3	17.53	12982.8	16.87	50495.2	65.61	76967.3	100
1999	14563.8	18.07	13654.7	16.95	52360.7	64.98	80579.2	100
2000	16724.6	18.94	14737.2	16.69	56826.8	64.36	88288.6	100
2001	17339.5	18.11	17573.4	18.36	60814.0	63.53	95726.9	100
2002	17923.9	17.25	18167.1	17.48	67845.0	65.28	103936.0	100
2003	21969.9	18.82	20991.3	17.98	73780.8	63.20	116742.0	100
2004	39076.5	24.49	28465.0	17.84	92045.6	57.68	159587.1	100
2005	42220.1	22.93	32170.5	17.48	109698.1	59.59	184088.7	100
2006	47722.1	22.39	39615.4	18.59	125794.4	59.02	213131.8	100
2007	58511.2	22.57	50595.7	19.52	150152.0	57.92	259258.9	100

资料来源：根据《中国统计年鉴》(1996~2009年)计算整理。

第七章 城乡居民人均消费率波动下降的成因分析

表7-2显示,从绝对数值看,企业部门、政府和住户的净增加值在初次分配中均大幅提高,但提高的幅度不同,国民收入提高8.7倍;企业初次分配提高10.5倍;政府提高11.2倍;住户提高7.6倍。政府提高幅度最大,企业居中,住户部门最小。住户部门初次分配收入提高的幅度只是国民分配收入提高幅度的87.4%,是企业部门提高的72.4%和政府部门的67.9%。从增长速度看,企业波动最大,增速最大值是2004年,高达77.86%;最小值是1996年的-0.37%;年均增速19%。政府增速最大值是1993年的40.52%,最小值是2002年3.38%,均值是18.6%。住户增速波动最小,最大值是1994年的38.3%,最小值是1999年的3.69%,年均增速最低为15.81%。无论是从初次分配收入绝对数值角度还是从收入增长速度的角度看,作为消费主体的住户部门,在初次分配中收入增幅都是最小的。从初次收入分配部门结构的角度考察,初次分配收入结构不利于住户部门。

从收入初次分配部门收入结构占比看,企业部门波动幅度最大,2004年的最大值24.49%与1996年的最小值17.24%相差7.25个百分点;但2003年以前企业部门收入占比基本相对稳定,保持在18.7%左右;2004年以来占比均在22%以上高位。政府部门在初次分配收入结构中的占比在2001年以前保持在16.4%左右,2001年达到较大值18.36%,2002年下降,其后开始波动上升,到2007年提高到19.52%。住户部门初次分配占比在1996年以前一直在65%左右,从1997年开始波动下降,到2007年占比下降到57.92%,下降7个百分点,占比最大值和最小值相差9.55个百分点。整体上,在初次收入分配结构中企业和政府占比都在提高,作为消费主体的住户部门在初次分配占比中下降。特别是1996年以来住户部门收入占比波动下降显示出中国初次分配机制1996年以来不利于住户部门。住户部门在初次收入分配中收入的增长速度偏低导致其在分配结构中占比波动下降。初次分

179

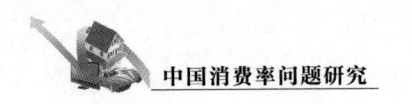

配中住户部门处于不利地位也进一步证明初次分配是导致居民人均可支配收入占比下降的主要根源之一。

以上的分析表明,从要素收入分配结构来看,中国的初次分配体制不利于劳动者。从部门收入分配结构来考察,中国的初次收入分配体制不利于住户部门。劳动报酬是劳动者收入的主要来源,劳动者和住户部门是社会消费的主体;初次收入分配结构是决定消费支出的基础。因而,在初次分配中,劳动报酬和住户部门的收入相对净增加值增速偏低是居民人均可支配收入下降的根源。初次分配机制不利于劳动者和住户部门是人均可支配收入占比波动下降的社会制度性根源,也是居民人均消费率下降的根源,进而是导致居民消费率下降的根本原因之一。

三 再分配结构分析

在国民收入初次分配的基础上,经过收入税、社会保险、社会福利和社会补助等经常转移和民间馈赠等其他经常转移的调节后形成各部门的可支配收入。可支配收入是消费和投资能力的现实基础。通过分析可支配收入部门结构的变化,可以探求发现社会消费能力现实基础的变化及其成因。1992~2007年中国企业、政府和住户部门的可支配收入及其占比和增速变动情况见表7-3。

如表7-3所示,1992~2007年,整体上中国可支配收入增长8.81倍,年均增长16.86%。企业可支配收入增长12.57倍,年均增长21.04%。政府可支配收入增长11.46倍,年均增长18.59%。住户可支配收入增长7.34倍,年均增长15.57%。显然,企业可支配收入增长最快,政府居中,住户增长最慢。企业可支配收入增速最快,年均增长18.29%;政府增速也较快,年均增长16.95%;住户部门增速最慢,年均增长15.10%。2002年以来企业可支配收入增速一直处于高位状态;2003年以来政府可支配收入增速加快;2002年开始居民可支配收

表7-3　中国再分配部门可支配收入结构

年份	企业 绝对数（亿元）	企业 占比（%）	企业 增速（%）	政府 绝对数（亿元）	政府 占比（%）	政府 增速（%）	住户 绝对数（亿元）	住户 占比（%）	住户 增速（%）	国内合计 绝对数（亿元）	国内合计 增速（%）
1992	3560.34	13.33	—	5064.93	18.96	—	18090.27	67.71	—	26715.53	29.62
1993	5593.48	16.15	57.11	6660.32	19.23	31.50	22374.21	64.61	23.68	34628.01	35.11
1994	7495.50	16.02	34.00	8427.85	18.01	26.54	30862.01	65.97	37.94	46785.35	23.15
1995	9618.84	16.70	28.33	9504.62	16.50	12.78	38491.19	66.81	24.72	57614.64	16.34
1996	9092.62	13.57	-5.47	11492.83	17.15	20.92	46442.91	69.29	20.66	67028.35	9.76
1997	10568.60	14.37	16.23	12878.10	17.51	12.05	50121.32	68.13	7.92	73568.02	5.10
1998	11077.36	14.33	4.81	13555.87	17.53	5.26	52688.56	68.14	5.12	77321.79	4.74
1999	11587.74	14.31	4.61	15046.42	18.58	11.00	54354.30	67.11	3.16	80988.46	9.66
2000	13895.53	15.65	19.92	17352.86	19.54	15.33	57562.71	64.81	5.90	88811.10	8.58
2001	14599.12	15.14	5.06	20331.77	21.08	17.17	61499.21	63.78	6.84	96430.10	8.90
2002	15042.25	14.32	3.04	21520.61	20.49	5.85	68448.29	65.18	11.30	105011.15	12.56
2003	18290.02	15.47	21.59	25823.33	21.85	19.99	74088.20	62.68	8.24	118201.55	36.62
2004	35180.25	21.79	92.35	32915.15	20.38	27.46	93387.87	57.83	26.05	161483.27	15.29
2005	37307.30	20.04	6.05	38251.30	20.55	16.21	110609.50	59.41	18.44	186168.20	15.73
2006	39909.20	18.52	6.97	49021.40	22.75	28.16	126529.00	58.73	14.39	215459.60	21.69
2007	48298.46	18.42	21.02	63084.14	24.06	28.69	150816.30	57.52	19.20	262199.20	16.86
均值	—	16.13	21.04	—	19.64	18.59	—	64.23	15.57	—	16.86
增长	12.57	—	—	11.46	—	—	7.34	—	—	8.81	—

资料来源：根据《中国统计年鉴》（1996~2009年）计算整理。

入增速加快，但相对企业和政府依然偏低。

部门可支配收入增长速度的差异导致可支配收入部门结构发生着变化。2001年以前企业可支配收入占比相对稳定在15%左右，2002年以来其占比不断提高，年均提高3.5个百分点。1995年以来政府占比就不断提高，由1995年的16.50%提高到2007年的24.06%。1996年以来住户可支配收入波动下降，由1996年的69.29%下降到2007年的57.52%，下降了11.77个百分点。在初次分配不利于劳动者和住户部门的基础上经过再分配的调整，政府和企业可支配收入占比增加，住户

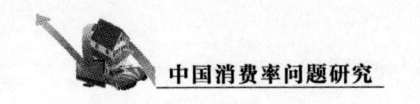

部门占比再次下降。作为消费主体的居民住户部门，可支配收入下降的大部分转移到政府，小部分转移到了企业。再分配后形成的可支配收入结构是消费能力实现的基础，中国的初次分配体制不利于住户部门可支配收入的增加，经再分配机制调整后的可支配收入结构也不利于社会消费能力的提高。住户部门可支配收入增速低于整体可支配收入的增速是居民人均可支配收入占比下降的直观基础，是居民人均消费率下降的根本性的原因，也是导致居民消费率下降和消费率下降的制度性根源之一。

四 初次分配和再分配综合比较分析

劳动者和住户部门是社会消费的主体，初次分配形成的劳动者或住户部门的收入是社会消费能力形成的基础；经再分配后形成的住户部门的可支配收入是社会消费能力实现的基础。中国的初次分配和再分配收入体制都不利于劳动者和住户部门，导致形成社会消费能力的基础和社会消费能力实现的基础不断削弱，进而导致社会消费的增长和消费率相对经济增长的提高较慢。下面通过初次分配和再分配占比变化结果的比较来进一步分析我国的收入分配制度对居民消费率的影响，以及对消费率波动下降的影响。

表7-4显示，经过再分配调整，企业初次分配收入一直向外转移；但2002年以来，随着企业初次分配收入占比的提高，其对外转移幅度相对下降，导致企业可支配收入占比提高。政府一直是再分配的受益者。1996年以来，政府经过再分配调整后收益不断增加，可支配收入占比相应提高；到2001年政府可支配收入占比提高到20%以上。在2000年以前，住户部门是再分配的受益者，经过再分配调整，可支配收入占比也相应得到提高；2001～2006年住户部门经过再分配调整后的可支配收入占比进一步下降，住户部门的初次分配收入也开始向政府

转移，成为再分配体制的受损者，政府经再分配调整，收益进一步增加。

表 7-4 初次分配/再分配收入占比变化

单位：%

年份	企业占比 初次分配	企业占比 可支配	企业占比 调整	政府占比 初次分配	政府占比 可支配	政府占比 调整	住户占比 初次分配	住户占比 可支配	住户占比 调整
1992	19.06	13.33	-5.74	15.53	18.96	2.41	65.41	67.71	2.05
1993	20.61	16.15	-4.46	16.83	19.23	1.75	62.56	64.61	1.87
1994	19.65	16.02	-3.62	16.26	18.01	1.36	64.10	65.97	2.06
1995	20.12	16.70	-3.42	15.14	16.50	1.62	64.74	66.81	2.05
1996	17.24	13.57	-3.67	15.53	17.15	1.33	67.23	69.29	2.42
1997	18.12	14.37	-3.75	16.17	17.51	0.66	65.71	68.13	2.54
1998	17.53	14.33	-3.20	16.87	17.53	1.63	65.61	68.14	2.13
1999	18.07	14.31	-3.77	16.95	18.58	2.85	64.98	67.11	0.45
2000	18.94	15.65	-3.30	16.69	19.54	2.73	64.36	64.81	0.25
2001	18.11	15.14	-2.97	18.36	21.08	3.01	63.53	63.78	-0.09
2002	17.25	14.32	-2.92	17.48	20.49	3.87	65.28	65.18	-0.52
2003	18.82	15.47	-3.35	17.98	21.85	2.55	63.20	62.68	0.15
2004	24.49	21.79	-2.70	17.84	20.38	3.07	57.68	57.83	-0.18
2005	22.93	20.04	-2.90	17.48	20.55	4.16	59.59	59.41	-0.30
2006	22.39	18.52	-3.87	18.59	22.75	4.54	59.02	58.73	-0.40
2007	22.57	18.42	-4.15	19.52	24.06	3.43	57.92	57.52	2.30

五 收入分配分析结论

在当前初次收入分配体制下，劳动者和住户部门在初次分配中的收入占比自 1996 年以来波动下降；政府部门初次分配收入占比自 1995 年以来波动上升；企业初次分配收入占比波动上升。经过再分配调节，住户部门可支配收入在 1996 年占比达到最高点 69.29 后开始波动下降，到 2007 年下降到 57.52%。政府部门在初次分配收入占比提高的基础上

经过再分配调节,其可支配收入占比进一步提高。企业尽管经过再分配转出部分收入,但由于初次分配收入增长较快并且通过再分配转出的收入相对较少,其可支配收入占比依然波动提高。

总之,在初次分配不利于劳动者、不利于住户部门、不利于社会消费能力提高的基础上,经过再分配制度调节进一步加剧了不利于住户部门、不利于消费增加的局面。作为消费主体的住户部门在实际初次分配和再分配制度中的收入占比波动下降是居民人均可支配收入占比下降的根本性原因,也是居民消费率下降的主要根源。因此,不利于劳动者和不利于住户部门的收入分配体制是导致中国消费率波动下降的主要根源之一。

第四节 居民人均消费倾向下降的成因

1995年以来城乡居民人均消费倾向呈下降态势,居民消费倾向下降(特别是城镇居民人均消费倾向下降)是居民消费率下降的主要原因之一。本节通过分析影响居民消费意愿的因素探求居民消费倾向下降的经济制度和社会制度根源。

一 最终分配(消费意愿)

1995年以来,城镇居民人均消费倾向下降是城镇居民消费率下降的一个重要原因,进而也是居民消费率下降的主要原因之一。居民人均消费倾向下降首先表现为居民消费意愿下降;而居民的消费意愿可以由最终分配过程中的消费和储蓄的决策过程来体现。最终分配即各部门将经过初次分配和再分配得到的可支配收入在消费和储蓄之间的分配,是决定各自消费和储蓄关系的收入支配的决策过程。1992~2007年中国最终分配结构情况见表7-5。

第七章 城乡居民人均消费率波动下降的成因分析

表7-5 中国最终分配结构

单位：%

年份	政府 消费	政府 储蓄	住户 消费	住户 储蓄	企业 消费	企业 储蓄	合计 消费	合计 储蓄
1992	68.95	31.05	68.88	31.12	—	100.00	59.71	40.29
1993	67.56	32.44	70.09	29.91	—	100.00	58.28	41.72
1994	71.03	28.97	67.43	32.57	—	100.00	57.27	42.73
1995	70.39	29.61	70.00	30.00	—	100.00	58.38	41.62
1996	68.32	31.68	69.23	30.77	—	100.00	59.68	40.32
1997	67.75	30.16	69.54	30.46	—	102.55	59.24	40.76
1998	69.97	30.03	70.07	29.93	—	100.00	60.02	39.98
1999	69.04	30.96	72.37	27.63	—	100.00	61.39	38.61
2000	67.45	32.55	74.55	25.45	—	100.00	61.50	38.50
2001	64.08	35.92	74.63	25.37	—	100.00	61.11	38.89
2002	64.67	35.33	71.41	28.59	—	100.00	59.80	40.20
2003	57.34	42.66	71.11	28.89	—	100.00	57.10	42.90
2004	70.48	29.52	68.35	31.65	—	100.00	53.90	46.10
2005	69.55	30.45	64.39	35.61	—	100.00	52.55	47.45
2006	61.44	38.56	63.60	36.40	—	100.00	51.33	48.67
2007	55.78	44.22	62.06	37.94	—	100.00	49.12	50.88

表7-5显示，政府消费意愿在2000年以前保持在69.13%左右，相对比较稳定。受亚洲金融危机的冲击，1998~2003年政府消费意愿下降，由1998年的69.97%下降到2003年的57.34%，下降了12.63个百分点。随着经济的复苏，政府消费意愿在2004年和2005年又大幅反弹到70%左右。2006年和2007年，政府投资意愿再次增强，相应消费意愿又快速下降。住户部门的消费意愿在2000年以前保持在70%左右，也比较稳定，但2000年以来不断下降，到2007年已经降到62.06%，相对2000年下降了12.49个百分点。2000年以来，在政府和住户部门消费意愿共同下降的作用下，总消费意愿持续下降，由2000年的61.50%下降到2007年的49.12%，8年下降了12.38个百分点，年均下降1.55个百分点；与总消费意愿下降相对应，总储蓄意

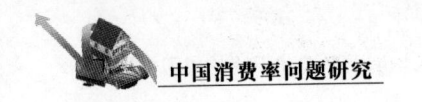

愿不断增强，总储蓄占比由 2000 年的 38.50% 提高到 2007 年的 50.88%。可见，2000 年以来中国整体消费意愿下降，储蓄（投资）意愿增强。

二 居民消费倾向影响因素

消费倾向在概念上是消费支出占可支配收入的比，与消费意愿有相似之处，但内涵不同。消费意愿衡量的也是消费和可支配收入的关系，但更加关注的是收入在消费和储蓄之间的配置关系，反映的是在收入一定条件下的消费和储蓄的决策过程。消费倾向是衡量消费支出与可支配收入关系的概念，反映的是在可支配收入一定的条件下消费意愿的强烈程度。从二者的关系看，消费意愿是消费倾向形成的基础，消费倾向是消费意愿的实际表现。

从个体的角度考察，影响居民消费意愿和消费倾向的因素比较复杂，现有的消费理论收入和支出预期、消费心理、消费习惯、消费文化、企业家精神、社会制度等对居民个体消费倾向都会产生影响。因个体的差异，不同的影响因素对不同个体的影响差别也很大，从个体的角度研究居民消费倾向下降的成因非常困难。基于居民是同一社会经济制度下的经济个体的总和，其心理和行为受共同经济制度的约束和影响，因而影响个体消费倾向的各因素必然由其生活的整个社会经济制度决定并受社会经济制度变化的影响。因此社会经济制度是居民消费倾向大小的决定性影响因素，而社会经济制度的变化是决定和影响居民消费倾向的变化根源。

在决定居民消费倾向的社会经济制度体系中，具有决定性的制度体系是市场经济体系和社会保障体系。在市场体系规范的经济社会里，居民收入和支出预期稳定，消费倾向较高。在居民收入和支出预期变动较大、很难预测其变化的经济社会里，居民消费倾向不稳定，并且整体较低。市场是实现要素和商品交易的关键环节，任何影响收入支出预期变化的制度变革都会在居民消费倾向的变化上得到反映。在收入和支出预期风险增加时，居民就会减少消费、增加储蓄以防范风险，居民消费倾向将会降低。在收入和支出风险减小时，居民将会增加消费、减少储蓄，居民消费倾向将会提高。同样，在社会保障体系健全、保障度高、覆盖面广的经济社会里，生活风险较小，生存没有后顾之忧，居民消费倾向较高；而在社会保障体系不健全、保障度低、覆盖面也不够的国家，居民需要单独应对很多生存风险，因而谨慎消费心理提高，消费倾向较低。据此，从理论上可以判断，市场和社会保障体系越健全，居民消费倾向会越高；相反，则越低。市场和社会保障体系的变革均会引起居民消费倾向的变化，例如，社会保障体系由"高保障、宽覆盖"向"低保障、宽覆盖"或"高保障、低覆盖"或"低保障、低覆盖"的变化都会引起居民消费倾向的下降；反之，居民消费倾向会相应提高。同样，市场由内部市场转向公开市场，进而外部市场带来的冲击会加大要素所有者和商品交易者的风险，这将导致居民消费倾向下降；并且冲击期越长，冲击越大，居民消费倾向下降越明显。随着市场的逐步规范和成熟，居民消费倾向将会逐步提升。

三 居民人均消费倾向下降的制度变革成因分析

1992年邓小平的南方谈话在思想上确立了中国市场化改革的方向。在市场化建设推进的过程中，一系列改革措施的推出对城镇居民的收入和支出预期产生强大的冲击，城镇居民风险防范意识逐步提高，消费意愿减弱导致消费倾向很快下降。中国居民人均消费倾向波动下降是一系列的社会制度变革的必然结果。影响居民消费倾向下降的主要制度变革有国企改革、医疗改革、教育改革、住房改革、社会保障体系改革等。

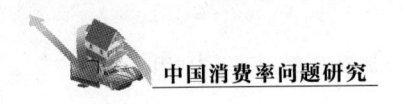

(一) 经济体制改革是居民消费倾向下降的动力源

国有企业改革一直是经济体制改革的重点和热点问题。在此之前推行的"放权让利"和"承包制"尽管一定程度上调动了国有企业的生产积极性,但在经济利益分配关系方面却使国家与国有企业陷入困境。在社会主义市场经济建设的方向确立后,政府进一步对国企改革推出"政企脱钩""股份制""上市""抓大放小""建立现代企业制度"及"产权改革",推进"企业制度创新",加快"现代企业制度建设"等一系列制度措施。在企业现代制度改革建设的过程中,随着生产要素的逐步市场化,企业效益出现分化;部分国有企业破产和企业"减员增效"造成大批国有企业职工下岗,失业人员急剧增加;同时,农村劳动力大量进入城市造成城镇居民就业稳定性减弱,再就业压力加大,城市贫民出现。下岗职工和大量农民工进城对劳动力市场产生很大的冲击,使城镇居民收入不确定性加大,未来收入风险提高;在心理上形成收入不稳定的预期。根据预防性储蓄假说,随着收入不确定性的提高和未来收入风险的加大,人们的消费倾向下降,储蓄倾向上升。因此,20世纪90年代以来推进的一系列国企改革政策对城镇居民就业和收入造成强烈冲击,城镇居民未来收入不确定性提高,收入风险加大,城镇居民预防性储蓄增加。谨慎消费心理增强是城镇居民人均消费率下降的主要动力源。

(二) 社会保障体系建设滞后是促进居民消费倾向下降的主动力

伴随国有企业和集体企业改制的推进,社会福利制度改革也增加了居民支出的不确定性。在社会主义市场经济改革方向确立以前,低工资、高福利的制度并没有得到根本改变,住房、医疗、养老、子女教育等费用基本由单位负担。随着市场化改革方向的确立,住房、医疗、养老、就业和教育等各项体制的改革逐步深化:实物福利分房取消,住房公积金制度实施,居民购买住房大额刚性需求增加;单位医疗机构纷纷剥离，医疗体制改革逐步深化，政府财政投入降低，医院创收热情高涨，基本医疗费用增加，居民医疗负担加重；基本养老由国家和企业全部负担转变成由个人和单位共同承担，居民养老压力加大；子女教育费用的绝大部分也由家庭承担，家庭教育支出增加。在各项制度改革推进的过程中，住房价格、医疗费用、教育费用快速增加，居民大额支出预期提高和不确定支出预期增加。随着改革的深入，原有的社会福利体系逐步解体，新的社会保障体系还在建立和完善，尚不能满足居民基本的有效保障需求。在收入不稳定性提高和未来支出不确定性增加以及社会保障体系尚不健全，建设相对滞后的社会背景下，居民预防性储蓄心理加重导致居民储蓄增加是居民消费倾向快速下降的一系列重要社会根源。

（三）政府消费意愿下降是居民消费倾向下降的重要原因

政府消费意愿（倾向）是指政府消费支出在政府可支配收入中的比重，取决于政府的自身定位和执政目标，并受其经济调节职能的影响。政府定位与其执政目标密切相关，服务型政府更加关注为居民提供社会公共服务，经济管理意愿相对不强，消费意愿较高。管理型政府更加关注经济管理和经济发展走势，提供公共服务的意识相对不强，投资引导经济发展的意愿强烈，消费意愿较低。因此，不同的政府定位其消费意愿存在很大的差异。

政府消费意愿的强弱直接影响社会公共服务的提供，而公共服务对居民消费会产生直接或间接的影响。公共服务的良好提供能够降低居民的消费支出风险，提高居民消费倾向；而在公共服务缺失或不足的经济社会里，居民消费支出风险加大，消费倾向下降。另外，管理型政府为了实现执政目标会依据宏观经济形势的变化通过投资或政策引导的形式直接干预经济，实现其经济管理的职能。这是管理型政府消费意愿随宏观经济形势波动的根源，也是影响居民消费倾向的重要原因。因此，政府的定位和执政目标也是影响居民年消费倾向的重要根源。

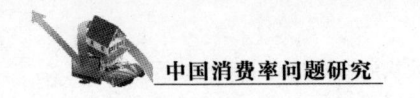

伴随经济体制改革开放的逐步深入,中国政府改革也取得了很大的进步,执政能力得到很大的提高,但其管理型政府的定位没有根本改变,发展经济、追求经济快速增长的执政目标没有根本改变;引导经济走势的职能也没有改变;依据宏观经济形势发展变化直接或间接干预经济、公共服务不到位的行为也没有根本改变。管理型职能的政府定位致使中国政府投资意愿强烈,消费意愿一直不高。1992~2007年的分析时间区间内,政府消费倾向的最大值只有71%,最小值低到55.78%,均值是66.49%。特别是在经济发展受阻、形势困难、不利于经济增长的时期,发展经济的内在动力和干预经济的冲动促使政府加大投资、稳定经济形势、快速恢复经济增长,消费意愿随之很快下降。可见,中国政府定位和执政目标是政府消费意愿不强的根源,而政府消费意愿会通过公共服务影响居民消费倾向,因而,管理型的政府定位和发展经济的执政目标是导致居民消费倾向下降的重要原因。

本章小结

20世纪90年代以来,居民人均消费率波动下降是居民消费率下降的主要动因,在结构上表现为城乡居民人均消费率波动下降。城镇居民人均消费率下降的直接原因是1990年以来城镇居民人均可支配收入增速相对人均GDP增速偏低和城镇居民人均消费支出增速相对人均可支配收入增速偏低。分阶段来看,2000年以前城镇居民人均可支配收入占比的持续下降是城镇居民人均消费率下降的主要动力。2000年以来,城镇居民人均可支配收入占比和城镇居民人均消费倾向持续下降成为城镇居民人均消费率下降的双动力。农村居民人均消费率持续下降的主要原因是农村居民纯收入占比的持续下降。造成城乡居民人均可支配收入占比下降的根源是现有的收入分配制度。在当前的分配制度下，初次分配不利于劳动者和住户部门；再次分配过程中住户部门依然处于不利地位。收入分配制度是城乡居民人均可支配收入下降的直接原因，也是城乡居民人均消费率下降的主要制度性根源之一。

1995年以来城镇居民人均消费倾向快速下降也是城镇居民人均消费率下降的主要原因之一。1992年中国市场化改革方向确立后，在一系列社会经济体制改革的冲击下，城镇居民的收入不确定性加大，大额支出预期提高，预防性储蓄增加，谨慎消费心理加重，消费倾向快速下降。因此，1992年以来启动的一系列社会经济体制改革是城镇居民人均消费倾向下降的社会制度根源，也是居民人均消费率下降的主要制度性根源之一。另外，政府服务意识不强，消费意愿不高，公共服务提供不足，居民支出压力加大也是居民人均消费倾向下降的重要原因。

第八章 扩大内需、促进消费、提高消费率的政策建议

消费率决定理论模型测算分析结果表明，中国消费率长期波动下降是多年来生产技术水平提高较慢背景下经济一直保持波动高速增长的必然结果。消费率波动下降的成因分析表明居民消费率持续波动下降是中国消费率持续波动下降的主要原因。居民消费率波动下降的成因分析进一步揭示出城乡居民人均消费率波动下降是居民消费率波动下降的主要动力，而城乡人口结构的变动是居民消费率下降的抑制性因素。城乡居民人均消费率持续波动下降的成因分析显示，城乡居民人均可支配收入占比的持续下降是导致城乡居民人均消费率下降的主动力；而1995年以来城镇居民人均消费倾向下降是导致城镇居民人均消费率下降的另外一个重要动力。人均可支配收入占比持续下降的根源是不利于劳动者和住户部门的现有收入分配制度。城镇居民人均消费倾向快速下降是1992年以来中国市场化改革方向确立后，在推行的一系列经济社会制度改革的同时各项社会保障制度建设相对滞后和消费环境不规范等综合作用的结果。依据消费率决定理论模型测算的结果和启示以及对消费率下降成因分析的结论，针对"十二五"期间扭转消费率波动下滑，实现扩大内需、促进消费、提高消费率的目标，本文提出以下政策建议。

第八章 扩大内需、促进消费、提高消费率的政策建议

第一节 制定实施国家技术创新发展战略，促进生产技术全面提升

改革开放 30 多年来，伴随经济高速增长的是国民消费率的波动下降，其经济技术根源是技术创新能力不强，生产技术水平提高缓慢。这种情况下，要实现经济的高速发展，必然要求高投入、低消费，使经济快速发展，消费率波动下降。"十二五"时期是国家"转变经济发展方式，调整经济结构"的关键时期，发展方式转变要想顺利实现，调整经济结构要想成功的核心就在于技术创新的能力要得到快速的提升，生产技术水平要得到较快提高。另外，从国际竞争角度看，技术是国家的核心竞争力；从国内民生角度看，技术是创造财富的"魔法师"，是人民生活舒适、幸福感快速提高的"魔杖"。从发展的角度看，技术的进步，能够使人们用较少的投入获得较多的产出，使人们用于消费的可支配财富获得较快的提升。技术的进步还可以使人们脱离疲惫不堪的辛苦劳作，提高人们的消费意愿。在战略上，技术进步带来的生产水平的提高对于扩大消费、提高消费率具有决定性的意义。因此，要从经济技术根源上抑制消费率的波动下滑，必须尽快制定实施国家技术创新发展战略，进一步加大对技术创新发展的支持力度，强化激励创新，促进中国生产技术水平的快速全面提升，从经济技术根源上解决消费率波动下滑的局面。

第二节 坚持"以民为本"，适当降低经济发展速度

在"十二五"期间以"转变发展方式，调整经济结构"为契机，调整

193

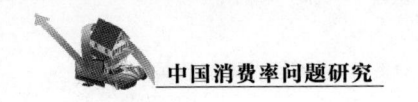

经济发展战略导向，改变"发展是第一要务"指导下的追求经济高速发展的战略思想。在更加"关注民生"与"和谐社会"制度建设思想的指导下，坚持"以民为本"，在政策上主动引导适当降低经济发展速度，提高居民的消费能力和消费意愿，进而改善居民的生活质量，实现扩大内需、促进消费，实现提高消费率、关注民生、创建和谐社会的经济社会发展目标。上文测算数据表明，"十二五"时期经济增长率均值如果能降到9.5%，理论消费率将提高到56.72%；降到9%，消费率将提高到59.42%；降到8.5%，消费率将提高到61.23%；降到8%，将提高到63.51%。笔者认为"十二五"期间经济增长速度均值的最优值是9.25%，窄幅浮动区间是（8.75%，9.75%），宽幅浮动区间是（8.25%，10.25%）。消费率均值的最优值是57.84%，窄幅浮动区间是（55.6，60.1%），宽幅浮动区间是（53.38%，62.37%），可接受区间是（52.28%，63.51%）。如果"十二五"期间以消费率提高到55%~60%为调控目标，那么经济增长率应控制在窄幅浮动区间内，即经济增长速度控制在8.75%~9.75%。

第三节　加快经济结构调整，逐步调控降低净出口

经过多年的出口鼓励，在我国的经济结构中，外向型经济比重已经很高。外向型经济的快速发展致使净出口不断增加，净出口在国内生产总值中的比重持续提高，2007年达到8.89%；2008年尽管受国际金融危机的影响，但净出口在国内生产总值中的比重也高达7.87%。净出口不断增加对外导致国际收支失衡，国际贸易摩擦增多，人民币升值压力加大；对内造成国内市场供给不足，通货膨胀压力加大；同时还造成理论消费率下降，经济发展的内需基础弱化，经济发展的脆弱性和抵御外来

风险的能力下降，经济不稳定性提高。

多年来，我国企业出口的动力很大程度上源自优惠政策的鼓励与廉价劳动力和廉价资源的优势，企业自身技术优势并不明显。加快经济结构调整要求发展模式由资源驱动型和廉价劳动力驱动型的增长转变为技术驱动型的增长模式；鼓励技术创新，提高劳动者素质和劳动者报酬是必然的选择。在经济转型的过程中要坚持以内需为基础，逐步取消鼓励出口的优惠政策；在扩大内需的同时促使部分外向型企业向内向型企业转型，增加对内部市场的供给。通过政策调控，逐步调控降低净出口，扭转国际收支失衡的局面，增强经济发展的内需基础，提高经济发展的稳定性和抵御外来风险的能力。这样，随着经济结构的调整和发展模式的转变以及净出口的下降，理论消费率相应地会不断提高。

第四节　加快收入分配制度改革，提高居民的消费能力

技术创新发展战略将促使中国经济发展过程中资源使用效率不断提高；民本思想的确立将促使中国经济发展速度适当下降。资源使用效率的提高和经济发展速度的适当成功下降只是为扩大内需、促进消费、提高消费率提供了理论上的可能。实际消费率的提高取决于居民的实际消费能力和消费意愿。收入是消费能力实现的基础，提高居民消费能力的途径无疑就是加快收入分配制度改革，改变当前的收入分配体制，提高居民的收入。通过收入分配制度改革，改变初次分配不利于劳动者和住户部门的初次分配现状，促使初次分配向劳动者和住户部门倾斜。改变再次分配不利于住户部门的现状，加大政府和企业向住户部门转移支付的力度，提高住户部门的可支配收入占比。具体措施建议如下：

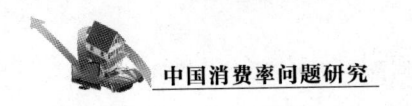

一是在初次分配过程中逐步提高劳动者报酬的比重，政府适当下调生产税，适当控制企业资本收益。"十二五"期间，对初次收入分配政策要尽快做出调整，尽快扭转不利于劳动者的初次分配格局。通过初次收入分配政策调整，争取将劳动者报酬在初次分配要素收入结构中的占比由2007年48.52%的低位提高到60%左右的水平。调整措施包括政府适当下调生产税，将生产税在初次收入分配的要素收入结构中的占比下调到15%左右；同时，采取措施包括提高最低工资的办法调控企业的资本收益，将企业资本收益在初次分配中的占比调控到25%左右的水平。初次分配部门收入结构中，住户部门在初次分配中的占比提高到65%，政府部门初次收入占比下降到15%，企业部门收入占比下降到20%左右。

二是加大社会再分配调节的力度，加大政府转移支付的力度和引导企业增加转移支付的比例；逐步扭转再分配过程中政府收入占比不断提高、住户部门收入占比不断下降的现状。具体措施包括提高收入税免征额，减轻工薪阶层和中低收入阶层的税收负担。同时，政府和企业加大社会福利、社会保险支出以及增加其他社会转移支付的力度，减轻居民的社会支出负担。通过再次分配收入政策调节，到"十二五"时期争取将住户部门收入在再次分配部门收入结构中的占比由2007的57.52%提高到65%左右的水平。总之，通过收入分配制度调整，逐步提高劳动者和住户部门的初次分配收入占比和可支配收入占比是提高居民消费能力的根本举措，也是扩大内需、促进消费和提高消费率的现实基础。

第五节　加快社会保障制度建设和规范，改善消费环境

理论消费率的提高为实际消费率提供了理论上提升的空间；消费能

第八章 扩大内需、促进消费、提高消费率的政策建议

力的增强为实际消费率的提高提供了实际的基础和可能；但实际消费率提高的幅度还是取决于国民的消费意愿。消费意愿与社会保障制度和消费环境密切相关。社会保障制度能够消除人们可以预知的社会风险。在社会保障制度不健全的社会里，人们需要谨慎应对一些未来可以预知的社会风险，例如，生病、养老、失业、子女教育等。这些潜在的可以预知的会影响人们生活的社会风险的存在都会削弱人们的消费意愿；相反，如果社会保障体制健全，所有会影响人们生活的可以预知的社会风险保障体系均予以覆盖，那么，人们的生活将没有后顾之忧，人们的消费意愿必然大大提高。同样，消费环境对人们的消费意愿影响也较大，安全、规范、舒适的消费环境能够较大地提升国民的消费意愿。相反，在假冒伪劣产品横行、消费安全和消费权益得不到保障的消费恶劣环境里，在人们的谨慎消费心理加重、交易成本增加等综合因素的作用下，人们的消费意愿不强并逐步下降。据此，"十二五"期间要在加快社会保障体系建设的同时加快规范和改善消费环境，为扩大内需、增加消费、提高消费率、改善民生提供一个重要的保障支撑。

应加快社会保障制度建设、降低居民的支出不确定性预期和预防性储蓄意愿。20世纪90年代以来，市场化改革方向确立后，启动的一系列的经济体制变革改变了城镇居民的福利保障体系，而新的社会保障体系尚不健全是城镇居民人均消费率下降的主要动因之一。"十二五"期间需要加快养老、医疗、失业、伤残救助等一系列社会保障体系的建设。同时，应加快教育体制改革和加快住房保障体系建设，减轻居民的教育支出压力和购买住房的压力。通过一系列社会保障体系建设降低居民的消费支出预期，提高城镇居民的消费意愿。在加快完善城镇居民社会保障体系、提高城镇居民保障水平的同时，要进一步加快农村居民社会保障体系建设，抑制农村居民人均消费率下滑的势头，提高农村居民消费意愿，为扩大农村居民消费、提高农村居民生活水平提供社会性的

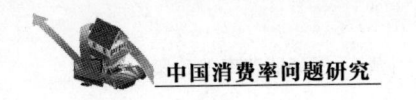

支持保障。

应打造规范、安全、舒适的消费环境,进一步提高人们的消费意愿。消费环境是人们消费的场所,在很大程度上将影响着人们的消费意愿。在我国市场经济建立的过程中,一定程度上存在假冒伪劣产品和交易不规范、交易欺诈的现象,这导致市场交易成本提高,人们谨慎性交易和谨慎消费心理加重,进而导致人们消费意愿不强。"十二五"期间要加快市场规范建设,加强产品质量的监督检查力度,为消费者提供安全放心的消费品。加大假冒伪劣产品和交易欺诈的治理力度,加大社会和市场诚信建设的力度,为社会交易和居民消费打造一个规范、安全、舒适、可信的消费环境,提高人们的消费意愿。

第六节　提高农村居民纯收入水平,加快推进城市化

2008年,农村居民人口占比是54.32%,而农村居民消费率只有8.87%,在消费率中的占比下降到18.25%;大量的农村人口与较低的农村居民消费率形成鲜明的反差。农村居民消费率下降的成因分析表明,农村居民人均消费率下降是农村居民消费率下降的主要原因,而1983年以来,农村居民纯收入增长速度持续低于经济增长速度致使农村居民人均纯收入占人均GDP的比重不断下降,这是农村居民人均消费率下降的主要根源。近年来,农村居民消费倾向尽管有所下降,但依然处于高位,说明农村居民消费目前依然主要是受收入有限导致的消费能力低下的约束。因此,提高农村居民人均纯收入水平,提高农村居民人均纯收入在人均GDP中的占比成为"十二五"时期及今后经济发展面临的重要任务。

农民纯收入在收入来源结构上主要包括务农收入和外出务工收入。增加农村居民纯收入的途径有三个。一是通过农业技术推广和适当提高农产品收购价格，实现务农收入增加。二是通过提高和执行最低工资标准，适当提高农村居民的务工收入。三是继续加快推进城镇化建设，促使农村居民向城镇转移。为了缩小城乡收入差距和保证农村居民人均纯收入占比不断提高，需要增加农村居民纯收入、有序转移农村人口以降低农村居民人口占比等。这样，通过农村居民收入政策的支持和部分农村居民的转移，农村居民人均纯收入的增速大于经济增长速度和城镇居民收入的增速；相应的，农村居民人均消费能力提高，人均消费率提高。随着农村居民人均消费能力的提高，农村市场将会快速发展，在农村居民参与分享中国经济持续快速增长利益的同时，广阔的农村市场也为中国经济持续、稳定发展提供了坚实的内需基础，有利于减少对外部市场的依赖，有利于提高中国经济的稳定性和安全性。可见，增加农村居民收入，提高农村居民人均纯收入水平和农村居民人均纯收入在人均GDP中的占比是扩大农村居民消费支出和提高农村居民消费率的基础，也是拓展农村市场、减少对外依赖、强化内需的基础，对中国的持续稳定发展具有战略性的意义。

第七节 转变政府职能，提高政府服务意识和服务水平

政府的职能和定位对居民消费意愿有很大的影响。管理型政府关注经济增长，通过制定政策、引导投资实现社会经济增长目标；其管理经济增长的欲望强烈，服务意识不强；关注经济的增长速度而对社会公共服务重视不够。多年来，我国政府在追求经济高速增长的目标引导下，

消费意愿一直不高,储蓄投资意愿强烈,属于典型的管理型政府。经过多年的改革,中国政府执政能力得到很大的提高,但追求经济高速增长,直接干预经济的管理调控方式没有根本改变,政府服务意识不强,消费意愿不高。2007年我国政府消费意愿下降到55.78%,相对20世纪90年代下降近15个百分点。政府消费意愿不高导致公共服务提供水平偏低,进而居民支出预期增加,消费意愿下降。政府消费意愿与政府执政目标和职能定位密切相关。"十二五"期间应加快由管理型向服务型政府职能转变,增强各级政府部门的服务意识,增加对社会公共服务设施的提供,增加政府对社会公共服务的支出,提高政府的公共服务水平,减轻居民因公共服务提供不足的支出压力,进而提高城乡居民的消费意愿。

总之,"十二五"期间,首先要通过技术创新,加快技术进步,全面提高生产技术水平,推进"转变经济发展方式,调整经济结构"战略的实现。其次,要适当降低经济发展速度,加快推进收入分配制度改革,扭转收入分配制度不利于劳动者和住户的现状;并通过政策调整,逐步降低净出口。同时,加快完善城镇居民社会保障制度,改善消费环境,推进农村居民社会保障体系建设,抑制农村居民消费意愿下滑。再次,也是非常关键的任务是要增加农村居民纯收入,提高农村居民的消费能力和消费水平;加快推进城镇化建设,有序转移农村居民人口。最后,政府要在系列政策措施调整的同时转变执政理念,提高服务意识和服务水平,加大公共服务设施和机构的提供,提高政府公共服务意愿,逐步实现"关注民生、和谐社会"建设的目标,推动中国经济发展转向内向型稳健增长模式,从而增强经济发展的稳定性和提高经济体的抗风险能力,成为真正意义上的世界强国。

第九章 研究结论和展望

第一节 主要结论

一 中国消费问题的实质是消费率波动下降问题

本文在国内外研究中国消费率问题相关文献综述的基础上,结合改革开放以来中国消费率变动现状和趋势分析,提出中国消费率问题的实质不是简单的消费率高低问题而是消费率持续波动下降问题;消费率处于较低水平是其长期波动下降的结果,是消费率问题的表现而不是问题的本身。针对消费率偏低的政策效果不明显的原因是我们对中国消费率问题的认识出现了偏差,错把现象当成问题本身。

二 采用比较法得出的消费率偏低的结论需谨慎对待

比较法对于消费率高低的判定具有一定的参考价值和借鉴意义,但其结论的说服力不强,一直受到部分学者的质疑。本文认为应用比较法首先要解决比较对象之间的可比性问题,只比较消费率指标显然没有解决不同国家间的可比性问题。因此,采用简单比较消费率的方法得出的消费率偏低的结论需要谨慎对待。

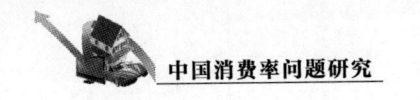

三 生产技术水平是决定理论消费率的核心因素

生产技术是生产要素配置组合的体现。生产技术水平的提高可以提升单位生产要素的产出能力和产出弹性,可以在投入要素不变的条件下提高总产出能力或者在保持总产出不变的条件下降低要素投入量。生产技术是决定总产出和投入的关键因素,也是影响消费率的核心因素。如果技术的进步在满足产出增长要求的同时能保持投入不变或减少,那么,技术进步就会促进消费率的提高;反之,提高消费率就只能以牺牲经济增长为代价。

四 理论消费率和实际消费率的决定机理和表现不同

理论消费率由生产函数内生决定,是整个经济体系运行过程中,由生产函数决定的与经济增长、劳动力增长需要相一致的最优消费率。实际消费率由消费个体决策组合和经济增长率决定,是由社会经济个体组合在一定的制度约束下,依据实际收入、消费意愿和消费习惯等决定的最优消费率。实际消费率具有相对稳定性,而理论消费率波动性较大。在生产技术水平一定的条件下,理论消费率与经济发展速度密切相关,经济发展速度越快,理论消费率越低;反之,则越高。在对消费率的考察中,由于理论消费率波动较大,实际消费率相对稳定,并且决定机理不同,二者经常发生偏离。

五 模型测算的理论值可以作为消费率高低判定的标准

针对消费率高低判定存在的问题和争议,本文以柯布-道格拉斯方程为基础,经过推导变形从经济运行系统的角度得出消费率决定理论模型。该模型与经典的需求理论模型不同,是从经济运行系统的角度揭示资本存量、生产技术水平、劳动力增长率、经济增长目标、消费率、投资率和净出口等变量间相互影响和决定的关系。依据该模型可以计算出从供给的角度实现经济平稳运行，消费率应达到的理论标准值。运用中国 1992~2008 年的实际数据进行实证分析的结果表明，消费率决定理论模型对中国消费率的变动具有很强的解释能力；实际投资率均值相对模型测算均值略微偏低，实际消费率均值相对考虑净出口的模型测算均值略微偏高；应用该模型可以预测近期内消费率的大小和变动方向；模型计算理论值可以作为判定实际消费率高低的标准。

六 消费率决定理论模型可以测算消费率合理区间

当前，部分学者采用经验实证法推算出消费率的经验合理区间大致是 60%~65%。本文在消费率决定理论模型的基础上，提出依据社会居民对通货膨胀的容忍度决定消费率合理区间的思想。首先，运用模型测算出理论最优消费率；其次，依据实际通货膨胀或政府制定的通货膨胀目标计算或预测出实际消费率的合理区间。实证结果表明，理论模型测算值与国内学者经验估算的最优投资率（40% 左右）和消费率（60% 左右）及其合理区间比较接近。从理论上验证了学者们的经验和实证判断，说明模型可以用来预测消费率（投资率）的合理区间。

七 消费率波动下降的成因可以分成四个层面

中国消费率波动下降的成因包含四个层面。在第一个层面，居民消费率下降是消费率下降的主要原因，可以解释其中 1978~2008 年整个期间消费率下降的 99.7%。农村居民消费率下降是居民消费率下降的主要原因，可以解释居民消费率下降的 159%。在第二个层面，考虑城乡人口结构变化后，城乡居民人均消费率下降是城乡居民消费率下降的主要动力；城乡人口结构变化是农村居民消费率下降的主要动力之一，

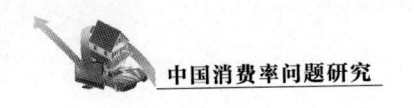

是城镇居民消费率提高的内在动力。在第三个层面，1995年以来城镇居民人均可支配收入占比和人均消费倾向下降是城镇居民人均消费率下降的主要动力。1983年以来农村居民人均纯收入占比的持续下降是农村居民人均消费率下降的主要动因。在第四个层面，现有的不利于劳动者和住户部门的收入分配制度是城乡居民人均可支配收入占比波动下降的根本原因。一系列经济社会体制变革及其存在的问题以及市场交易不规范、交易成本高、消费环境不完善、安全消费和消费者权益得不到保障和政府公共服务意识不强等是引致城镇居民消费意愿持续下降，谨慎性储蓄增加，消费倾向快速下降的根本原因。

八　中国消费率问题需要从生产技术和制度的根源上解决

消费率决定理论模型和消费率波动下降的成因分析表明，生产技术水平进步缓慢是中国消费率理论消费率下降的根源；制度变革是实际消费率波动下降的根本原因。在中国劳动力增长逐年趋缓的背景下，需要确立技术创新的国家发展战略；通过技术创新全面提高生产技术水平，减少投资，提高消费率理论值。在居民实际消费能力和消费意愿不断下降的情况下，通过制度的改革和完善，增强居民的实际消费能力和消费意愿是提高实际消费率的根本。

第二节　本书不足之处

一　消费率决定理论模型参数估算中的不足

本书在消费率决定理论模型的参数估算时，由于中国截至目前还没有资本存量的普查数据，因此，只能借鉴前期学者估算的资本存量数值,并在此基础上,采用类似的方法通过计算将资本存量数据补充至2008年。因此,资本存量数据可能不够精确,这会对参数估算造成一定的影响。另外,鉴于各变量统计不全的原因,估算区间本文只选择了1992~2008年的数据,样本空间有些小,在理论上可能也会对估算参数值产生一定的影响。

二 城乡居民人均消费率波动下降的成因分析不足

在分析消费率波动下降的成因时,我们发现人口年龄的变化以及抚养比的变化也会对居民人均消费率产生影响。收入分配差距拉大也会对居民人均消费率下降产生影响。由于这都不是本书分析的重点,再加上写作时间较紧、任务较重,在城乡居民人均消费波动下降的成因分析中予以忽略,留下遗憾。

三 城乡居民人均可支配收入占比波动下降成因分析的不足

在城乡居民人均可支配收入占比波动下降的成因分析中,本书只从初次分配和再分配体制整体的角度予以考察分析,论证说明现有的收入分配体制是城乡居民人均可支配收入占比下降的收入分配的体制性根源,对现有的收入分配体制形成的原因并没有深入探讨研究。这些都是本书的不足和下一步研讨的方向。

四 城乡居民人均消费倾向下降成因分析的不足

针对城乡居民人均消费倾向下降的成因分析,本书只论及一系列经济社会体制变革的影响和社会保障体系不完善、市场交易不规范、消费环境不完善、政府服务意识不强、公共服务支出意愿不强等因素的影响。对这些影响消费意愿的因素并没有深入分析是本书的不足之处和进一步研究的方向。

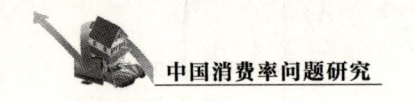

第三节　研究展望

中国的消费率问题是目前困扰学界和政府的重大问题之一，如何抑制或扭转消费率下滑也是当前的热点和现实问题。本书的研究尽管尚存在许多不足之处，但为解决中国消费率问题提供了一个基本的思路和方向，并为进一步的研究提供了一些有价值的线索。针对中国的消费率问题，以下几个方面的问题可能更有研究的价值和意义。

一　修订改善消费率决定理论模型

消费率决定理论模型与经典的消费需求理论模型不同，是从经济系统运行和供给的角度决定的理论消费率的最优值。实际消费率大于理论值将会引致通货膨胀，小于理论值会引致通货紧缩，对预测和稳定经济的顺利运行具有重要的理论指导意义。本书只是依据经典的柯布－道格拉斯方程推导出简单的消费率决定理论模型，期望其他更有才华的学者能够运用更前沿的生产函数推导出更精确的模型。

二　研究人口年龄结构变化和抚养比对消费率的影响

人口年龄结构变化和抚养比一定会对消费率的变化产生影响。在这个领域目前学者涉及的很少，鉴于时间和精力，笔者在书中予以忽略，没有进行研究，期望今后能够继续搜集相关资料进行下一步的研究，也欢迎有志于研究消费率问题的专家学者进行研究。

三　收入分配和制度改革依然是未来的研究热点和难点

收入分配是居民消费能力实现的基础，也是决定消费率大小的基础。中国现有的收入分配体制形成的原因，以及如何改进现有的收入分配体制必然是今后学界研究的热点问题和政府关注的重点和难点问题。因此，深入研究收入分配制度对下一步收入分配制度改革具有很强的指导性意义和重大的现实意义。

四 城乡居民消费倾向下降的制度成因和环境成因

城乡居民消费倾向持续下降，特别是1995年以来城镇居民消费倾向快速下降，是居民消费率下降的主要原因之一。本书的分析结果初步显示，制度的变化和消费环境对居民消费倾向有很大的影响，但并没有深入地做出进一步的分析。这是本书留下的缺憾，也是下一步深入研究的方向。

参考文献

1. 亚当·斯密:《国民财富的性质和原因的研究》,商务印书馆,1979。
2. 西斯蒙第:《政治经济学新原理》,商务印书馆,1977。
3. 李嘉图:《税负及政治经济学原理》,丰俊功译,光明日报出版社,2009。
4. 西斯蒙第:《政治经济学研究》,胡尧步等译,商务印书馆,1989。
5. 凡勃伦:《有闲阶级论》,钱厚默译,南海出版社,2007。
6. 凯恩斯:《就业、利息和货币通论》,李欣全译,南海出版社,2007。
7. 厉以宁:《消费经济学》,人民出版社,1984。
8. 尹世杰主编《社会主义消费经济学》,上海人民出版社,1983。
9. 刘方域:《消费经济学概论》,贵州人民出版社,1984。
10. 臧旭恒:《中国消费函数分析》,上海三联书店、上海人民出版社,1994。
11. 臧旭恒:《消费经济学:理论与实证分析》,山东大学出版社,1996。
12. 范剑平主编《居民消费与中国经济发展》,中国计划出版社,2000。
13. 贺菊煌等:《消费函数分析》,社会科学文献出版社,2000。
14. 许永兵:《消费行为与经济增长》,中国社会科学出版社,2007。

15. 闻潜：《消费启动与收入增长分解机制》，中国财政经济出版社，2005。

16. 贺菊煌：《固定资产实际净值率的估算》，《数量经济技术经济研究》1992 年第 12 期。

17. 曾令华：《理论最优消费率之我见》，《求索》1997 年第 3 期。

18. 范剑平：《向书坚：中国城乡人口二元社会结构对居民消费率的影响》，《管理世界》1999 年第 5 期。

19. 范剑平：《中国居民消费率偏低的原因分析与开拓城镇市场的对策选择》，《宏观经济研究》1999 年第 6 期。

20. 彭志龙：《提高消费率势在必行》，《热点问题》1999 年第 1 期。

21. 汪前元：《中国居民消费率降低的原因及对策》，《湖北大学成人教育学院学报》1999 年第 6 期。

22. 王洛林、刘树成、刘溶沧：《进一步启动经济应着眼于提高最终消费率》，《经济研究参考》1999 年第 30 期。

23. 袁志刚、宋铮：《城镇居民消费行为变异与我国经济增长》，《经济研究》1999 年第 11 期。

24. 袁志刚、宋铮：《人口年龄结构、养老保险制度与最优储蓄率》，《经济研究》2000 年第 11 期。

25. 陈惠雄：《生命成本与供需均衡——对中国居民消费率偏低问题的思考》，《消费经济》1999 年第 2 期。

26. 罗云毅：《投资消费比例关系理论研究回顾》，《宏观经济研究》1999 年第 12 期。

27. 罗云毅：《关于消费率水平问题的思考》，《经济视角》2000 年第 5 期。

28. 罗云毅：《中国当前消费率水平是否偏低》，《宏观经济研究》2000 年第 5 期。

29. 罗云毅：《低消费、高投资是中国现阶段中国经济运行的常态》，《宏观经济研究》2004 年第 5 期。

30. 罗云毅：《关于消费率调控的政策有效性分析》，《财政研究》2004 年第 8 期。

31. 罗云毅：《投资率本质上是由消费率决定的》，《中国投资》2004 年第 6 期。

32. 罗云毅：《关于最优消费投资比例存在性的思考》，《宏观经济研究》2006 年第 12 期。

33. 郭伯春：《论消费率》，《消费经济》2000 年第 1 期。

34. 李永周：《消费文化、消费政策与扩大内需》，《消费经济》2000 年第 2 期。

35. 龙志、周浩明：《中国城镇居民预防性储蓄研究》，《经济研究》2000 年第 11 期。

36. 庞朝阳、刘志华：《扩大消费需求必须提高消费率》，《计划发展》2000 年第 2 期。

37. 苏雪串：《对中国近年来消费率及其变动分析》，《中央财经大学学报》2000 年第 1 期。

38. 国家计委政策法规司：《适当提高消费率，促进国民经济良性循环》，《宏观经济管理》2001 年第 12 期。

39. 万广华、张茵、牛建高：《流动性约束、不确定性与中国居民消费》，《经济研究》2001 年第 11 期。

40. 尹世杰：《关于中国最终消费率的几个问题》，《财贸经济》2001 年第 12 期。

41. 臧旭恒、朱春燕：《预防性储蓄理论——储蓄（消费）函数的新进展》，《经济研究》2001 年第 1 期。

42. 张军：《增长、资本形成与技术选择：解释中国经济增长长期下降的因素》,《经济学》(季刊) 2002 年 1 月第 1 卷第 2 期。

43. 张军:《资本形成、工业化与经济增长:中国的转轨特征》,《经济研究》2002 年第 6 期。

44. 国家统计局课题组:《提高城乡居民购买力水平是扩大内需的关键》,《经济研究参考》2002 年第 5 期。

45. 尹世杰:《再论积极鼓励消费》,《消费经济》2002 年第 5 期。

46. 朱国林、范建勇、严燕:《中国的消费不振与收入分配:理论和数据》,《经济研究》2002 年第 5 期。

47. 刘国光:《促进消费需求,提高消费率是扩大内需的必由之路》,《财贸经济》2002 年第 5 期。

48. 吴忠群:《中国经济增长中消费和投资的确定》,《中国社会科学》2002 年第 3 期。

49. 潘建伟、徐蒙生:《国外消费经济理论进展及评述》,《前沿》2002 年第 11 期。

50. 何枫、陈荣、何林:《我国资本存量的估算及其相关分析》,《经济学家》2003 年第 5 期。

51. 陈新年:《消费经济转型与消费政策——关于进一步扩大消费的思考》,《经济研究参考》2003 年第 83 期。

52. 国家发改委课题组:《适当提高消费率,保持消费与投资、GDP 的协调增长》,《中国经贸导刊》2003 年第 22 期。

53. 卢中原:《关于投资和消费若干比例关系的探讨》,《财贸经济》2003 年第 4 期。

54. 尉高师、雷明国:《求解中国消费之谜——熊彼得可能是对的》,《管理世界》2003 年第 3 期。

55. 李军:《收入差距对消费需求影响的定量分析》,《数量经济技术经济研究》2003 年第 9 期。

56. 陈惠雄：《中美消费现象悖论：基于生命成本论的分析》，《经济学家》2004 年第 4 期。

57. 董辅仁：《提高消费率问题》，《宏观经济研究》2004 年第 5 期。

58. 国家发改委综合司：《关于消费率的国际比较》，《中国经贸导刊》2004 年第 16 期。

59. 国家发改委宏观经济研究院课题组：《消费与投资关系问题研究》，《经济研究参考》2004 年第 72 期。

60. 国家发改委宏观经济研究院经济所课题组：《当前扩大居民消费的主要矛盾及对策建议》，《红旗文稿》2006 年第 23 期。

61. 樊纲、王小鲁：《消费条件模型和各地区消费条件指数》，《经济研究》2004 年第 5 期。

62. 郭友群：《关于提高中国消费率的思考》，《经济问题》2004 年第 10 期。

63. 罗楚亮：《经济转轨、不确定性与城镇居民消费行为》，《经济研究》2004 年第 4 期。

64. 吴绍忠：《如何看待中国消费率屡创新低》，《消费经济》2004 年第 5 期。

65. 吴易风、钱敏泽：《影响消费需求因素的实证分析》，《经济理论与经济管理》2004 年第 2 期。

66. 王涛：《对提高中国消费率问题的思考》，《辽东学院学报》2004 年第 3 期。

67. 王涛：《我国消费率：究竟多高才合适》，《山西财经大学学报》2005 年第 2 期。

68. 陈宏、潘海岚：《对消费率的深层思考》，《北京工商大学学报》2005 年第 2 期。

69. 张继海、臧旭恒：《中国城镇居民收入和消费的协整分析》，《消费经济》2005 年第 2 期。

70. 臧旭恒、张继海：《收入分配对中国城镇居民消费需求影响的实证分析》，《经济理论与经济管理》2005 年第 6 期。

71. 欧阳昌鹏：《中国转轨时期投资率与消费率分析》，《经济与管理研究》2005 年第 6 期。

72. 许永兵、李永红：《中国消费率波动走低的原因及其经济影响》，《生产力研究》2005 年第 10 期。

73. 许永兵：《对中国居民消费率下降原因的再认识》，《财贸经济》2005 年第 12 期。

74. 闻潜、韩卫刚：《怎样调节投资和消费的关系：由市场失衡引起的理论思考》，《消费经济》2005 年第 5 期。

75. 梁东黎：《中国高投资率低消费率现象研究》，《南京师大学报》2006 年第 1 期。

76. 陈新年：《当前我国居民消费率下降的主要原因及对策》，《中国物价》2006 年第 4 期。

77. 潘成夫：《我国最终消费率与收入分配的实证分析》，《现代经济》2006 年第 7 期。

78. 湛泳、蔡伟贤：《投资效率、消费率与我国经济增长》，《求索》2006 年第 10 期。

79. 田堃、田银华：《提高居民消费率必须降低消费信息成本》，《消费经济》2006 年 12 月第 22 卷第 6 期。

80. 王子先：《世界各国消费率演变的趋势、比较及启示》，《求是》2006 年第 4 期。

81. 杨子晖：《政府消费率与居民消费率：期内替代与跨期替代》，《世界经济》2006 年第 8 期。

82. 尹世杰：《再论以提高消费率拉动经济增长》，《社会科学》2006 年第 12 期。

83. 于文涛：《投资率偏高、消费率偏低的成因及建议》，《宏观经济管理》2006 年第 6 期。

84. 王宏利：《政府支出调控对居民消费率的影响》，《世界经济》2006 年第 10 期。

85. 葛志才、康南：《中国居民最终消费率增长受阻——从国民经济收入分配失衡的角度分析》，《商业文化》2007 年 9 月。

86. 李建伟：《投资率和消费率演变特征的国际比较》，《中国金融》2007 年第 8 期。

87. 李扬、殷剑峰：《中国高储蓄率问题研究》，《经济研究》2007 年第 6 期。

88. 李宇慧：《我国就业变动对消费结构演变的影响浅析》，《法制与社会》2007 年第 6 期。

89. 刘艺容：《我国城市化与消费率的实证关系研究》，《消费经济》2007 年第 6 期。

90. 卢嘉瑞：《提高居民消费率：扩大消费需求的重中之重》，《消费经济》2007 年第 6 期。

91. 马晓红：《提高我国居民消费率的政策选择》，《发展研究》2007 年第 1 期。

92. 彭志远：《我国宏观消费率变化的实证研究》，《当代财经》2007 年第 2 期。

93. 乔为国：《我国居民低消费率的成因——以国民收入流量循环为框架的分析》，《学海》2007 年第 5 期。

94. 郑新立：《提高居民消费率是宏观调控的重大任务》，《宏观经济管理》2007 年第 9 期。

95. 杨永华：《1978～2006：消费率和消费结构变动趋势的实证分析》，

《广东商学院学报》2007 年第 3 期。

96. 郭兴方：《我国消费率高低的判定——基于宏微观层面的数据分析》，《上海经济研究》2007 年第 2 期。

97. 陈新年：《当前影响居民消费的主要因素及对策建议》，《中国经贸导刊》2007 年第 8 期。

98. 易行健、王俊海：《中国农村居民消费行为变异的实证检验》，《统计与决策》2007 年第 20 期。

99. 车春郦、高汝熹、李铁霖：《低消费率对中国经济危害的分析及对策》，《宏观经济研究》2008 年第 11 期。

100. 黄跃平、陈亮、廖长峰：《中国国民收入分配失衡导致消费不振》，《商业文化》2008 年 2 月。

101. 刘尚希：《中国消费率下滑引致的经济风险分析》，《地方财政研究》2008 年第 6 期。

102. 饶颂、熊俊、刘庆相：《我国政府消费结构不合理对消费率的影响》，《价格月刊》2008 年第 11 期。

103. 熊学华：《中国消费率和投资率的合理性判断：1978～2006》，《北京财贸职业学院学报》2008 年第 1 期。

104. 徐娟：《公共产品供给不足对中国居民消费率提高的制约》，《东岳论丛》2008 年第 2 期。

105. 王仕军：《发展阶段－发展观－发展战略：中国消费率低迷问题的形成机理及其解决路径》，《经济体制改革》2009 年第 2 期。

106. 田卫民：《基于经济增长的最优消费规模：1978～2006》，《财贸研究》2008 年第 6 期。

107. 姜涛、臧旭恒：《中国居民最终消费率与经济增长的协整关系分析》，《管理现代化》2008 年第 5 期。

108. 郑新立：《提高居民消费率是宏观调控的重大任务》，《理论参考》

2008 年第 3 期。

109. 李占风、袁知英：《我国消费、投资、净出口与经济增长》，《统计研究》2009 年第 2 期。

110. 蔡德容、吴琴琴、万建永：《我国居民平均消费倾向影响因素的实证研究》，《消费经济》2009 年第 3 期。

111. 蔡跃洲、袁静：《消费率影响因素与促进居民消费的几点建议》，《中国经贸导刊》2009 年第 23 期。

112. 晁钢令、王丽娟：《中国消费率合理性的评判标准——钱纳里模型能解释吗？》，《财贸经济》2009 年第 4 期。

113. 江林、马椿荣：《中国最终消费率偏低的心理成因实证分析》，《中国流通经济》2009 年第 3 期。

114. 樊明：《中国高投资率、低消费率的政治因素——基于中美政治制度比较的一种解释》，《经济经纬》2009 年第 2 期。

115. 高连水、邓路：《居民消费率与收入分配结构差距的经验分析》，《消费经济》2009 年第 4 期。

116. 郭克莎：《我国投资消费关系失衡的原因和"十二五"调整思路》，《开放导报》2009 年第 6 期。

117. 江林、马椿荣、康俊：《我国与世界各国最终消费率的比较分析》，《消费经济》2009 年第 1 期。

118. 金三林：《收入分配和城市化对中国居民消费的影响》，《中国经济时报》2009 年 9 月 28 日第 005 版。

119. 雷辉：《改革开放以来我国投资率、消费率的国际比较及趋势分析》，《开发研究》2009 年第 4 期。

120. 李景睿：《中国投资产出效率演变中的消费抑制——基于国民收入总需求方程的省级面板数据分析》，《当代财经》2009 年第 4 期。

121. 刘尚希：《中国：消费率、经济脆弱性与可持续风险》，《发展论坛》2009 年第 2 期。

122. 屈路：《对中国居民消费率下降原因的深层思考——基于国民收入分配的角度》，《长春大学学报》2009 年第 11 期。

123. 吴忠群：《最优消费率的存在性及其相关问题》，《中国软科学》增刊（上），2009 年。

124. 张全红：《中国低消费率问题探究：1992~2005 年中国资金流量表的分析》，《财贸经济》2009 年第 10 期。

125. 郑璋鑫：《新消费函数理论与中国居民超储蓄：居民谨慎消费的另一视角》，《现代经济探讨》2009 年第 10 期。

126. 郑璋鑫：《中国城镇居民长期消费倾向的分析：基于误差修正模型的检验》，《南京财经大学学报》2009 年第 2 期。

127. 蔡跃洲、王玉霞：《投资消费结构影响因素及合意投资消费区间——基于跨国数据的国际比较和实证分析》，《经济理论与经济管理》2010 年第 1 期。

128. 胡志平、李慧中：《消费低迷的制度解构与重构》，《社会科学研究》2010 年第 1 期。

129. 马晓河：《中国居民消费率偏低并波动下降的成因分析》，《前线》2010 年第 1 期。

130. 刘鹤：《走向大国内生性需求拉动为主的增长格局：对中国贸易顺差现象的研究》，《经济研究参考》2010 年第 1 期。

131. Fridman, Milton. *A Theory of Consumption Function*, Princeton N. J.: Princeton University Press, 1957, 219–240.

132. Chenery, Hollis and Moises Syrquin. *Patterns of Development*, 1950–1970. Oxford University Press, 1975.

133. Duesenberry. Jamess. *Income, Saving and The Theory of Consumer Behavior*. Havard University Press, 1949.

134. Friedman, M. *A Theory of the Consumption Function*, Princeton University Press, Princeton, NJ, 1957.
135. Deaton. *Understanding Consumption*, Oxford: Clarendon Press, 1992.
136. Andrew Scott. "Optimal consumption when capital markets are imperfect". *Economics Letters*, 2000 (66): 65 – 70.
137. Alpizar, F. , Carlsson, F. Johansson-Stenman, O. "How much do we care about absolute versus relative income and consumption?", *Journal of Economic Behavior & Organization*. 2005, 56 (3): 405 – 421.
138. Caballero Ricardo J. "Consumption Puzzles and Precautionary Savings". *Journal of Monetary Economics*, 1990, 25 (1): 113 – 136.
139. Campbell, John Y. Angus Deaton. "Why is Consumption so Smooth?" *Review of Economic Studies*, 1989 (6): 357 – 374.
140. Campbell John Y. , Mankiw N. Gregory. "The Response of Consumption to Income: A Cross-country Investigation". *European Economic Review*, 1991, 35: 723 – 767.
141. Carroll, Christopher. "How Does Future Income Affect Current Consumption?" *Quarterly Journal of Ecomomics*, 1994, 109 (February): 111 – 148.
142. Carroll, C. D. "Buffer-stock saving and the life Cycle Permanent income hypothesis". *Quarterly Journal of Economics*, 1997, 62 (1): 1 – 56.
143. Carroll, C. D. "Precautionary Saving and the Marginal Propensity to Consume Out of the Permanent Income". *NBER Working Paper*, March 28, 2001.
144. Carroll, C. D. "A Theory of the Consumption Function, with and without Liquidity Constraints". *NBER Working Paper*, July 6, 2001.
145. Dardanoni Valentino. "Precautionary Savings under Income Uncertainty:

a Cross sectional Analysis". *Applied Economics*, 1991, 23: 153 – 160.

146. Deaton, Angus. "Saving and Liquidity Constraint", *Econometrica* Vol. 59: 1121 – 1142, 1991.

147. Flavin Marjorie. "The Adjustment of Consumption to Changing Expectations about Future Income". *Journal of Political Economy*, 1981, 89 (10): 974 – 1009.

148. Fumio Hayashi. "The Effect of Liquidity Constraints on Consumption: a Cross – Sectional Analysis". *The Quarterly Journal of Economics*, 1985 (2): 184 – 206.

149. Hall, R. E. "Stochastic Implications of the Life-Cycle-Permanent Income Hypothesis: Theory and Evidence", *Journal of Political Economy*, 1978, Vol. 86, pp. 971 – 988.

150. Hall Robert, Frederic Mishkin. "The Sensitivity of Consumption to Transitory Income: Estimates from Panel Data on Households". *Econometrica*, 1982: 461 – 481.

151. Heckman James J. "Life Cycle Consumption and Labor Supply: an Explanation of the Relationship between Income and Consumption Over the Life Cycle". *American Economic Review*. 1974 (3): 188 – 194.

152. Hubbard R. Glenn, Skinner Jonathan, Zeldes Stephen P. "Why the People Saving? Expanding the life-cycle model: Precautionary saving and Public Policy". *American Economic Review*, 1994 (5): 174 – 179.

153. Jeremy J. Nalewaik. "Current consumption and future income growth: Synthetic panel evidence". *Journal of Monetary Economics*, 2006 (53): 2239 – 2266.

154. Joon-Ho Hahm. "Consumption Growth, Income Growth and Earning

Uncertainty: Simple Cross-Country Evidence". *International Economic Jounal*, 1999, 13 (2): 39 – 58.

155. Karen E. Dynan. "How Prudent are Consumers?" *Journal of Political Economy*. 1993, Vol. 101, No. 6: 1104 – 1113.

156. Langemeier, M. R. Patrick, G. F. "Farm Consumption and Liquidity Constraints". *American Journal of Agricultural Economics*, 1993 (5): 479 – 484.

157. Leland, Hayne E. "Saving and Uncertainty: The Precautionary Demand for Saving". *Quarterly Journal of Economics*, 1968 (8): 465 – 473.

158. Matteo Iacoviello. "Consumption, house prices, and collateral constraints: a structural econometric analysis", *Journal of Housing Economics*. 2004 (13): 304 – 320.

159. Miles. "A Household Level Study of the Determinants of Income and Consumption", *Economical Journal*, 1997, Vol. 107, No. 440: 1 – 25.

160. Modigliani, F. and Cao, S. L. "The Chinese Saving Puzzle and The Life-Cycle Hypothesis", *Journal of Economic Literature*, Vol. 42 (1), (Mar.): 145 – 170, 2004.

161. Naughton, B. "Macroeconomic Policy and Response in the Chinese Economy: The Impact of the Reform Process", *Journal of Comparative Economics*. 1987, Vol. 11: 334 – 353.

162. Paul H. Douglas. "The Cobb-Dougls Production Function Once Again: Its History, Its Testing, and Some New Empirical Values". *The Jounal of Political Eeonomy*, Vol. 84, No. 5 (Oct., 1976).

163. Philippe Bacchetta, Stefan Gerlachc. "Consumption and credit constraints: International evidence". *Journal of Monetary Economics*,

1997（40）：207 - 238.

164. Portes R. and Santorum, A. "Money and Consumption Goods Market in China", *Journal ofComparative Economy*, 1987, Vol. 11: 354 - 71.

165. Qian, Y. Y. "Urban and Rural Household Saving in China". *International Monetary Fund Stuff Papers*, 1988, Vol. 35: 592 - 627.

166. Robert Hall. "Stochastic Implications of Life-Cycle permanent Income Hypothesis: Theory and Evidence". *Jouranl of Political Economy*, 1978, 86（6）.

167. Sibley D. S. "Permanent and Transitory Income Effects in a Model of Optimal Consumption with Wage Income Uncertainty". *Journal of Economic Theory*, 1975（11）：68 - 82.

168. Skinner Jonathan. "Risky Income, Life Cycle Consumption, and Precautionary Savings". *Journal of Monetary Economics*, 1988（22）：237 - 255.

169. Yunhong Yang. "Existence of optimal consumption and portfolio rules with portfolio constraints and stochastic income, durability and habit formation". *Journal of Mathematical Economics*, 2000（33）：135 - 153.

170. Zeldes Stephen P. "Optimal Consumption with Stochastic Income: Deviations from Certainty Equivalence". *Quarterly Journal of Economics*, 1989（104）：275 - 298.

后　记

　　消费的本质对个人来说是生活问题，对国家来讲则是民生问题。作为经济复杂系统重要指标之一的消费率，既是民生问题的反映，也是经济持续发展的宏观指针，更是执政思想的反映。多年来，消费率问题是当前中国经济社会发展面临的重大现实问题，也是20世纪90年代以来一直困扰学界和政府的一个重大难题。解决消费率问题是中国实现"加快经济发展方式转变，调整经济结构"的战略要求，也是中国政府关注民生，建设和谐社会的要求。很荣幸能够在荆林波老师的指导下关注和研究中国的消费率问题。在本书即将完成之际，感激之心油然而生，往事一幕幕不断在脑海中浮现，在此深表感谢。

　　首先，感谢我的导师荆林波老师。荆林波老师人品高尚、宽容体贴，对学生的关心无微不至，给人既是老师又是朋友的感觉，这就是良师益友吧。他治学严谨、求真务实，对学生要求严格。在荆老师的指导、帮助和教诲下，我做人、做事和治学都有很大的提高。再次对荆林波老师表示深深的感谢！

　　其次，要感谢导师指导组的宋则老师和张群群老师。宋则老师宽厚仁慈，学术功底深厚，对学生关怀体贴，谆谆善诱。张群群老师温文尔雅，为人谦和，学术造诣深厚，指导意见中肯。在我的博士学习生涯和论文写作过程中，宋老师和张老师都给予我大力的支持和指导意见。

再次，要感谢《财贸经济》编辑部的王迎新老师。我是在王老师的推荐和引导下才有幸进入中国社会科学院财经战略研究院（原财贸所）学习的，才有机会认识、接触这么多优秀的老师，才有机会进入学术研究的殿堂。另外，她对我的学习和研究也给予了大量指导。我还要感谢孙亮老师。自我入学考试开始，孙亮老师就给予了我很多支持和帮助，在三年的学习研究生活过程中也给予了我热心的关爱和帮助。

电子商务研究室的孟晔老师、赵京桥老师、刘波老师和冯永晟老师对本书的写作都给予了很好的参考意见，特别是冯永晟老师对本书写作予以技术上的帮助，在此深表感谢！另外，我的同门师弟蒋少华、洪勇在学习和生活中也给予了我很大的帮助。

最后，感谢我的夫人刘敏。在本书写作期间她每天在办公室待到晚上 11 点半以后才回家，就是不想打搅我写作，尽量给我创造安静的写作环境。我的书渗透着她的理解和支持，有一半的成果应该属于她。

人生道路漫长，博士毕业是全职学习生活的结束，也是新的生活和工作方式的开始。恩师、亲友、同学们，衷心谢谢你们对我的教诲、帮助和支持，我会通过自己进一步的努力回馈社会，以不辜负你们的厚爱！我也会在心底为你们祝福！

2013 年 7 月

图书在版编目(CIP)数据

中国消费率问题研究/王雪峰著. —北京:社会科学文献出版社,2013.8
ISBN 978 - 7 - 5097 - 4776 - 6

Ⅰ.①中… Ⅱ.①王… Ⅲ.①消费水平 - 研究 - 中国 Ⅳ.①F126.1

中国版本图书馆 CIP 数据核字(2013)第 142691 号

中国消费率问题研究

著　　者 / 王雪峰

出 版 人 / 谢寿光
出 版 者 / 社会科学文献出版社
地　　　址 / 北京市西城区北三环中路甲29号院3号楼华龙大厦
邮政编码 / 100029

责任部门 / 经济与管理出版中心 (010) 59367226	责任编辑 / 林　尧　许秀江
电子信箱 / caijingbu@ ssap. cn	责任校对 / 师旭光
项目统筹 / 恽　薇　林　尧	责任印制 / 岳　阳
经　　销 / 社会科学文献出版社市场营销中心 (010) 59367081　59367089	
读者服务 / 读者服务中心 (010) 59367028	

印　　装 / 北京季蜂印刷有限公司	
开　　本 / 787mm×1092mm　1/16	印　张 / 15.25
版　　次 / 2013年8月第1版	字　数 / 202千字
印　　次 / 2013年8月第1次印刷	
书　　号 / ISBN 978 - 7 - 5097 - 4776 - 6	
定　　价 / 49.00元	

本书如有破损、缺页、装订错误,请与本社读者服务中心联系更换

▲ 版权所有　翻印必究